L'ART POÉTIQUE

DE

BOILEAU DESPRÉAUX.

BOLÆI
ARS POETICA,

È GALLICIS VERSIBUS IN LATINOS VERSA,

APPOSITO GALLICO POEMATE;

Auctore J. A. CHAMBONNÉT, *Presbyt.*, *Rhetoricæ et Linguæ græcæ Professore in collegio Albenacensi.*

PARISIIS,

Apud BELIN-LEPRIEUR, Bibliopolam, Mag.-August.-Crepid.
N.º 55.

ANICII,

Typis Joannis Baptistæ LA COMBE, Bibliopolæ,
Regis Typographi.

1820.

L'ART POÉTIQUE

DE

BOILEAU DESPRÉAUX,

TRADUIT EN VERS LATINS,

AVEC LE TEXTE FRANÇAIS EN REGARD;

Par M. J. A. CHAMBONNET, *Prêtre, Professeur de Rhétorique et de Grec au collége d'Aubenas.*

A PARIS,

Chez BELIN-LEPRIEUR, Libraire, Quai des Augustins,
N.° 55.

AU PUY,

De l'Imprimerie de J. B. LA COMBE, Libraire,
Imprimeur du Roi.

1829.

A Monsieur Vezian,

Prêtre, Principal au Collège d'Aubenas.

Monsieur,

J'ai l'honneur de vous dédier la Traduction de l'Art poétique de Boileau, en vers latins. Vous ne dédaignerez peut-être pas ce faible essai, si vous considérez que c'est celui d'un Professeur qui a l'avantage de travailler avec vous dans une maison que vous dirigez si bien. En me permettant de mettre votre nom à la tête de mon ouvrage, vous donnerez une nouvelle preuve de bonté à votre très-dévoué serviteur,

Chambonnet.

LETTRE DU RÉDACTEUR DE L'*HERMES ROMANUS*,

AU TRADUCTEUR DE L'ART POÉTIQUE.

MONSIEUR,

L'*Hermes* était clos depuis quelques jours, quand Monsieur Royer-Colard m'adressa votre excellente traduction de Boileau. Votre travail eût été un des plus beaux ornemens de ce Recueil. Le public partagerait mes regrets, s'il savait quelle privation il éprouve.

Vale et feliciter inceptum carmen gnaviter perfice.

BARBIER-VÉMARS.

BOLÆI
ARS POETICA.
LIBER PRIMUS.

In Pindo vanùm sudat temerarius auctor
Qui petit excelsam condendi carminis artem,
Ni tacito cœptis aspiret munere cœlum,
Ni sua nascentem formavit stella poetam.
Arctior ingenii captivum linea stringit,
Surdus Apollo quidem fastidit adesse vocanti,
Pegasus os fræno, sessori terga recusat.
   Vos igitur quotquot funestus concitat ardor,
Nobilis ad duram descendere mentis arenam,
Parcite vos, agedum, sterili consumere versu,
Pruritusque metri, ne dives vena putetur;
Nec vos falsa trahat vanæ dulcedinis esca,
Sed versate diù quid vires ferre recusent.
   Præstantes natura potens producere mentes,
Inter scriptores partiri munera gaudet.
Hic vivi flammam versu depinget amoris,
Ille jocans acuet lepidis epigramma sagittis.
Cantabit clarum factis heroa Malherbus,
Phillida, pastores dicet silvasque Racanus.
At qui blanditur sibi, qui se diligit auctor,
Res humeris æquas raro legit ille potenter.
Sic qui cum Phareto nigravit versibus olim
Cauponæ muros, jàm nunc male, voce superbâ,

L'ART POÉTIQUE
DE
BOILEAU DESPRÉAUX.
CHANT PREMIER.

C'est en vain qu'au Parnasse un téméraire auteur
Pense de l'art des vers atteindre la hauteur :
S'il ne sent point du ciel l'influence secrète,
Si son astre en naissant ne l'a formé poète,
Dans son génie étroit il est toujours captif;
Pour lui Phébus est sourd, et Pégase est rétif.

O vous donc ! qui, brûlant d'une ardeur périlleuse,
Courez du bel esprit la carrière épineuse,
N'allez pas sur des vers sans fruit vous consumer,
Ni prendre pour génie un amour de rimer:
Craignez d'un vain plaisir les trompeuses amorces,
Et consultez long-temps votre esprit et vos forces.
La nature, fertile en esprits excellens,
Sait entre les auteurs partager les talens:
L'un peut tracer en vers une amoureuse flamme,
L'autre, d'un trait plaisant, aiguiser l'épigramme.
Malherbes d'un héros peut vanter les exploits;
Racan, chanter Philis, les bergers et les bois.
Mais souvent un esprit qui se flatte et qui s'aime,
Méconnaît son génie, et s'ignore soi-même :
Ainsi tel (1), autrefois qu'on vit avec Faret (2)
Charbonner de ses vers les murs d'un cabaret,

Hæbreos claro vertentes terga triumpho
Cantat, dùmque ferox mensus deserta, Moysi
Imminet, ut Pharao præceps datur æquor in altum.

    Quidquid ludicrum sublimeve scribere cures,
Par sonus et ratio procedant passibus æquis.
Inter se falsò nobis odisse videntur :
Par sonus obsequio natus, parere tenetur.
Quem si sollicitâ conemur quærere curâ,
Quærenti musæ sese fert obvius ultrò,
Absque labore jugo rationis cedere discit,
Commodus hanc ditat nec duro compede stringit.
Huic si non studeas, indignans vincla recusat;
Luctatur ratio tunc debellare superbum.
Exquiras igitur veneres rationis ut ipsa
Una tuis addat pretium cum lumine scriptis.

    Sæpiùs, effrenâ debacchans mente, poeta
Cancellis recti sensûs excedere gaudet.
Hic sibi monstroso videatur repere versu,
Si caderent fortassè suum in caput obvia cunctis.
Quod fugias, sodes; Italis arrideat unis
Quidquid dementer falso splendore coruscat.
Quodlibet ad sanam rationem tendere debet.
Est verò præceps via quæ nos ducit ad illam.
Mergitur extemplò latum qui deviat unguem.
Uno sæpè datur rationi tramite ferri.

    Quidam, materiâ quasi luxuriante, poeta
Incubat incœpto, quoad hauserit, argumento.
Aulam si reperit, faciem delineat hujus,
Posteà lectorem ducit per plana locorum.
Illic excurrit podium; procùl indè patescit
Continuâ serie tectorum pervius usus.
Aureis septa tibi monstratur pergula clathris,

S'en va, mal-à-propos, d'une voix insolente,
Chanter du peuple Hébreu la fuite triomphante,
Et, poursuivant Moïse au travers des déserts,
Court avec Pharaon se noyer dans les mers.

Quelque sujet qu'on traite, ou plaisant, ou sublime,
Que toujours le bons sens s'accorde avec la rime :
L'un l'autre vainement ils semblent se haïr;
La rime est une esclave, et ne doit qu'obéir.
Lorsqu'à la bien chercher d'abord on s'évertue,
L'esprit à la trouver aisément s'habitue ;
Au joug de la raison, sans peine elle fléchit,
Et, loin de la gêner, la sert et l'enrichit.
Mais, lorsqu'on la néglige, elle devient rebelle;
Et pour la rattraper le sens court après elle.
Aimez donc la raison : que toujours vos écrits
Empruntent d'elle seule et leur lustre et leur prix.

La plupart, emportés d'une fougue insensée,
Toujours loin du droit sens vont chercher leur pensée;
Ils croiraient s'abaisser, dans leurs vers monstrueux,
S'ils pensaient ce qu'un autre a pu penser comme eux.
Évitons ces excès; laissons à l'Italie
De tous ces faux brillans l'éclatante folie.
Tout doit tendre au bons sens : mais pour y parvenir,
Le chemin est glissant et pénible à tenir.
Pour peu qu'on s'en écarte, aussitôt on se noie.
La raison, pour marcher, n'a souvent qu'une voie.

Un auteur, quelquefois trop plein de son objet,
Jamais sans l'épuiser n'abandonne un sujet.
S'il rencontre un palais, il m'en dépeint la face;
Il me promène après de terrasse en terrasse;
Ici s'offre un perron; là règne un corridor;
Là ce balcon s'enferme en un balustre d'or.
Il compte des plafonds les ronds et les ovales;

Oriculosque domûs putat ovatasque figuras;
Astragalos passim jacit, encarposque tabellâ.
Istorum finem nacturus deniquè, mitto
Viginti chartas, sed vix evado per hortum.
Illorum sterilis fugiatur copia, vatum,
Et noli vanam rerum comprendere sylvam.
Vana meum nequeunt gustu mordere palatum;
Omne statim manat saturâ de mente redundans.
Qui sibi non ponit fines, hic scribere nescit.
Sæpè metu culpæ, pejori se implicat auctor.
Illa carent nervo, mox durè carmina current.
Obscurus fio quia pressior esse laboro :
Nuda est, quæ nullum mentitur musa colorem;
Hic dùm vitat humum, turgens ad nubila surgit.

Si captare tui cupias lectoris amorem,
Scriptorum debes semper variare colores.
Qui nimis æquali procedit sermo tenore,
Quamtumvis niteat, somnum suadebit inire.
Rarò versantur vates ad tædia nati,
Quos dicas unâ semper quasi psallere chordâ.

Felix qui docili componens carmina plectro,
Dulce gravi miscere valet, lepidumque severo :
Lectori gratus certè, cœloque probatus,
Allicit emptores, Barbinoque æra meretur.

Repere parce, rogo, quidquid componere tentes :
Quamquàm vel simplex non repit forma loquendi.
Ludicra fidenter rationem dictio temnens,
Arrisit novitate suâ, mentemque fefellit.
Tum de plebe sales scriptis accire poeta
Uti plebeio Pindus sermone macelli,
Musarum justos transire licentia fines,
Mutatâ fieri Tabarinus Apollo figurâ.
Grassantem primùm sensit provincia labem,

Ce ne sont que festons, ce ne sont qu'astragales (3).
Je saute vingt feuillets pour en trouver la fin;
Et je me sauve à peine au travers du jardin.
Fuyez de ces auteurs l'abondance stérile,
Et ne vous chargez point d'un détail inutile.
Tout ce qu'on dit de trop est fade et rebutant,
L'esprit rassasié le rejette à l'instant.
Qui ne sait se borner, ne sut jamais écrire.
Souvent la peur d'un mal nous conduit dans un pire :
Un vers était trop faible, et vous le rendez dur;
J'évite d'être long, et je deviens obscur;
L'un n'est point trop fardé, mais sa muse est trop nue;
L'autre a peur de ramper, il se perd dans la nue.

Voulez-vous du public mériter les amours?
Sans cesse en écrivant variez vos discours.
Un style trop égal et toujours uniforme
En vain brille à nos yeux, il faut qu'il nous endorme.
On lit peu ces auteurs, nés pour nous ennuyer,
Qui toujours sur un ton semblent psalmodier.
Heureux qui, dans ses vers, sait d'une voix légère
Passer du grave au doux, du plaisant au sévère!
Son livre, aimé du ciel, et chéri des lecteurs,
Est souvent chez Barbin entouré d'acheteurs.
Quoi que vous écriviez, évitez la bassesse :
Le style le moins noble a pourtant sa noblesse.
Au mépris du bon sens, le burlesque (4) effronté
Trompa les yeux d'abord, plut par sa nouveauté :
On ne vit plus en vers que pointes triviales;
Le Parnasse parla le langage des halles :
La licence à rimer alors n'eut plus de frein,
Apollon travesti devint un Tabarin.
Cette contagion infecta les provinces,

Municipis, scribæque lues irrepsit in aulam.
Quamtumvis fatuus, nonnullis scurra sapivit;
Vel qui Dassutium legeret, non defuit amens.
De trivio sumptas contemnens denique voces,
Stultitiam facilem resipiscens aula reliquit,
Cœpit inurbanum lepido seponere dicto,
Ut miraretur provincia sola Typhonem.
Ille stylus nunquàm tua carmina spurcet, amabo;
Cum facili potiùs concinna jocare Maroto,
Atque novi mimis linquantur ludicra pontis.
Attamen hoc caveas, ne sicut Brœbufus olim,
Accumules ripis, quamquàm Pharsalia vertis,
Montes cæsorum et morientûm mille dolentes.
Sic cantes ut simplicitas accedat ad artem;
Ne fuco gratum macula, sublime severo.

  Tu nihil ingratum, scriptor, lectoribus offer,
Quod non suavè sonat, vitaveris aure severâ.
In medio cursu, per sensum voce moranti,
Pendeat injectâ, versûs pars prima, quiete.
Ne coeant rapido vocales consule gressu.
Feceris egregiè, si dulcia verba legantur.
Quæ durè resonant, noli concurrere voces.
Vel pleni versûs vis, vel sententia grandis
Non placeat menti, nostras si vulneret aures.

  Cùm noster primis Helicon adolesceret annis,
Sola fuit Gallis pro quâvis lege libido.
Casus qui nullo claudebat nomina metro,
Ornatûs, numeri, cæsuræ munus obibat.
Primus Villo rudi devolvere calluit ævo,
Fingendi priscam cæcis ambagibus artem.
Ballada, mòx nostri studio florere Maroti,
Carmina larvatis cantanda, trioleta condi;

Du clerc et du bourgeois passa jusques aux princes :
Le plus mauvais plaisant eut ses approbateurs,
Et, jusqu'à Dassouci(5), tout trouva des lecteurs.
Mais de ce style enfin la cour désabusée
Dédaigna de ces vers l'extravagance aisée,
Distingua le naïf du plat et du bouffon,
Et laissa la province admirer le Typhon.
Que ce style jamais ne souille votre ouvrage.
Imitons de Marot l'élégant badinage,
Et laissons le burlesque aux plaisans du (6) Pont-Neuf.
Mais n'allez point aussi, sur les pas de Brébeuf,
Même en une Pharsale, entasser sur les rives
De morts et de mourans, cent montagnes plaintives.
Prenez mieux votre ton : soyez simple avec art,
Sublime sans orgueil, agréable sans fard.

N'offrez rien au lecteur que ce qui peut lui plaire.
Ayez pour la cadence une oreille sévère :
Que toujours dans vos vers le sens coupant les mots,
Suspende l'hémistiche, en marque le repos.
Gardez qu'une voyelle à courir trop hâtée,
Ne soit d'une voyelle en son chemin heurtée.
Il est un heureux choix de mots harmonieux.
Fuyez des mauvais sons le concours odieux :
Le vers le mieux rempli, la plus noble pensée,
Ne peut plaire à l'esprit quand l'oreille est blessée.

Durant les premiers ans du Parnasse françois,
Le caprice tout seul faisait toutes les lois.
La rime, au bout des mots assemblés sans mesure,
Tenait lieu d'ornemens, de nombre et de césure.
Villon sut le premier, dans ces siècles grossiers,
Débrouiller l'art confus de nos vieux romanciers (7).
Marot bientôt après fit fleurir les ballades,
Tourna des triolets, rima des mascarades,

(*) Clausula rondaldis intersita sæpè reverti.
Ille novam numeros scribendi tradidit artem.
Post hunc Ronsardus trito de calle recedens,
Cuncta novans finxit sibi, mixtis omnibus, artem,
Et longo felix sortitus tempore fatum.
Francica musa loquens græcè sed enim atque latinè,
Ingemuit sæclo, res risûs digna, sequenti,
Ingentis fastûs, ampullarumque ruinâ.
Ille ruens vanus tam celso culmine scriptor,
Desportem nimiis, Bertaldumque arcuit ausis.
 Postremùm Gallus cœpit prodire Malherbus,
Atque melos nostris prior accersire camenis.
Edocuit quid vox valeat constructa decenter,
Legibus officii musam parere coegit.
Cordato tandem sermo scriptore politus,
Purgatæ durum nihil ampliùs obtulit auri.
Docta strophe grato didicit procumbere casu :
In versum timidus metuit procurrere versus.
Illius ad fidi doctissima jura magistri,
Omnis adhuc nostro scriptor componitur ævo.
Ergò sit exemplo tibi, vates purus ametur,
Et benè tornati versûs imitare nitorem.
Si mihi succurrunt ægrè tua sensa loquentis,
Incipit extemplò mea mens intenta remitti,
Et vanas eadem dimittere prompta loquelas,
Deserit auctorem quem quærere semper oportet.
 Auctores videas certos qui, luce carentes,
Perpetuò cæcis involvunt scripta latebris.
Non has luce suâ ratio pervadere possit.

(*) Si forte necesse est........
Indiciis monstrare recentibus abdita rerum,
Fingere cinctutis non exaudita Cethegis
Continget, dabiturque licentia sumpta pudenter.   (HORAT. *Ars poetica.*)

A des refrains réglés asservit les rondeaux,
Et montra pour rimer des chemins tout nouveaux.
Ronsard, qui le suivit, par une autre méthode,
Réglant tout, brouilla tout, fit un art à sa mode,
Et toutefois long-temps eut un heureux destin.
Mais sa muse, en français parlant grec et latin,
Vit dans l'âge suivant, par un retour grotesque,
Tomber de ses grands mots le faste pédantesque.
Ce poète orgueilleux, trébuché de si haut,
Rendit plus retenus Desportes et Bertaut.

Enfin, Malherbe vint, et, le premier en France,
Fit sentir dans les vers une juste cadence,
D'un mot mis en sa place, enseigna le pouvoir,
Et réduisit la muse aux règles du devoir.
Par ce sage écrivain, la langue réparée
N'offrit plus rien de rude à l'oreille épurée.
Les stances avec grâce apprirent à tomber,
Et le vers sur le vers n'osa plus enjamber.
Tout reconnut ses lois; et ce guide fidèle
Aux auteurs de ce temps sert encore de modèle.
Marchez donc sur ses pas, aimez sa pureté,
Et de son tour heureux imitez la clarté.
Si le sens de vos vers tarde à se faire entendre,
Mon esprit aussitôt commence à se détendre;
Et, de vos vains discours prompt à se détacher,
Ne suit point un auteur qu'il faut toujours chercher.

Il est certains esprits, dont les sombres pensées
Sont d'un nuage épais toujours embarrassées;
Le jour de la raison ne le saurait percer.

Materiam ergò prius versa, quàm scribere tentes.
Quo minùs obscurè vel plus sententia surgit,
Hoc minùs auctori vel plus vox lucida præsto est.
Cui benè concipitur res, non lux deserit illum,
Verbaque dicendam rem non invita sequuntur.
    Cunctis debetur linguæ reverentia scriptis;
Quidquid præsumas, nunquàm violaveris illam.
Frustrà dulce melos nostram descendit ad aurem,
Si non contextu vel verbis utere lectis.
Barbara verba mihi, quamquam sunt grandia, sordent,
Et quidquid violat Syntaxis jura, superbum.
Divinus tandem non præditus ore rotundo
Auctor, quidquid agat, nunquàm benè scribere noscet.
    Improperatus eas quamtumvis currere jussus,
Et demens operà celeri ne scribere certes;
Qui nimiùm rapido pede concita carmina currunt,
Non grande ingenium, sed falso acclive loquuntur.
Me magis in molli delectat rivus arenà,
Qui per florigerum lento fluit agmine pratum,
Quàm præceps torrens qui victis mollibus exit,
Et sabulo flavus cænosis labitur agris.
Festina lento gressu patiensque laboris
Limandos versus incudi redde frequenter:
Perfectos deciès calamus castiget ad unguem,
Corrigat amplificans interdum et sæpè cohercens.
    Interfusa locis nequicquàm lumina fulgent,
Si scriptum fudit multis incuria nævis.
Singula quæque locum teneant sortita decenter,
Primo ne medium, medio ne discrepet imum.
Callida diversas nectens conjunctio partes,
Efficiat totum simplex duntaxat et unum;
Ab re propositâ sermo divertere parcat,
Nec procul inde petat pannum qui splendeat, unum.

Avant donc què d'écrire, apprenez à penser.
Selon que notre idée est plus ou moins obscure,
L'expression la suit ou moins nette, ou plus pure.
Ce que l'on conçoit bien s'énonce clairement,
Et les mots pour le dire arrivent aisément.

   Surtout, qu'en vos écrits la langue révérée
Dans vos plus grands excès vous soit toujours sacrée.
En vain vous me frappez d'un son mélodieux,
Si le terme est impropre, ou le tour vicieux:
Mon esprit n'admet point un pompeux barbarisme,
Ni d'un vers empoulé l'orgueilleux solécisme.
Sans la langue, en un mot, l'auteur le plus divin
Est toujours, quoi qu'il fasse, un méchant écrivain.

   Travaillez à loisir, quelque ordre qui vous presse(8),
Et ne vous piquez point d'une folle vîtesse:
Un style si rapide, et qui court en rimant,
Marque moins trop d'esprit, que peu de jugement.
J'aime mieux un ruisseau, qui sur la molle arène,
Dans un pré plein de fleurs lentement se promène,
Qu'un torrent débordé, qui d'un cours orageux,
Roule plein de gravier, sur un terrain fangeux.
Hâtez-vous lentement; et, sans perdre courage,
Vingt fois sur le métier remettez votre ouvrage :
Polissez-le sans cesse, et le repolissez;
Ajoutez quelquefois, et souvent effacez.

   C'est peu qu'en un ouvrage où les fautes fourmillent,
Des traits d'esprit semés de temps en temps pétillent.
Il faut que chaque chose y soit mise en son lieu;
Que le début, la fin, répondent au milieu;
Que d'un art délicat les pièces assorties
N'y forment qu'un seul tout de diverses parties;
Que jamais du sujet le discours s'écartant
N'aille chercher trop loin quelque mot éclatant.

Anne tuis populi censuram versibus horres,
Ipse tibi nihil indulgens ignosce notandum.
Ignarum proprii stimulus pertentat amoris.
  Elige sincerum qui te reprehendat amicum,
Hujus aristarchi censuræ subjice versus,
Permittas rigidum condemnet menda tribunal.
Cujus ad aspectum vatem depone superbum;
A blando verus tibi secernatur amicus.
Irrident quidam qui te laudare videntur.
Tu monitus semper, nunquàm suffragia captes.
  Excipit actutùm plausu te palpo legentem;
Hunc miris, versus referendo, motibus effers;
Non nihil est pulchrè, benè, vox huic quæque probatur;
Subsilit, ex oculis rorem distillat amicis;
Idem magnificis te laudibus ornat ubique.
Hoc studium verus nunquàm mentitur amicus;
Nunquàm per rigidum sanumque licebit amicum,
Intra spem veniæ tutum cautumque latere.
Transverso signum incomptis calamo allinit atrum,
Collocat in proprio trajectos ordine versus.
Non nimis indulgens stylus, ambitiosa recidit.
Displicet emuncto phrasis hîc tua, sensus et illîc;
Nobis clara minùs vocum structura videtur,
Hoc fuit ambiguè dictum, sibi lumina poscit.
Non aliter tecum loquitur sincerus amicus.
Attamen interdùm scriptor monitoribus asper,
Culpatos versus ex re putat esse tueri;
Et primùm causæ læsi se accingit agendæ.
Hujus serpit humi, dices, expressio versûs :
Hic meus exoret veniam, dulcissime, versus,
Respondet primùm. — Vox hæc desiderat ignem :
Illam detraherem. — Sed pòl, locus eminet ille.
— Hæc malè dicta reor. — Non nemo suspicit illa.

Craignez-vous pour vos vers la censure publique ?
Soyez-vous à vous-même un sévère critique :
L'ignorance toujours est prête à s'admirer.
Faites-vous des amis prompts à vous censurer;
Qu'ils soient de vos écrits les confidens sincères,
Et de tous vos défauts les zélés adversaires :
Dépouillez devant eux l'arrogance d'auteur;
Mais sachez de l'ami discerner le flatteur.
Tel vous semble applaudir, qui vous raille et vous joue.
Aimez qu'on vous conseille, et non pas qu'on vous loue.
Un flatteur aussitôt cherche à se récrier :
Chaque vers qu'il entend le fait extasier.
Tout est charmant, divin; aucun mot ne le blesse :
Il trépigne de joie, il pleure de tendresse :
Il vous comble partout d'éloges fastueux.
La vérité n'a point cet air impétueux.
Un sage ami, toujours rigoureux, inflexible,
Sur vos fautes jamais ne vous laisse paisible :
Il ne pardonne point les endroits négligés;
Il renvoie en leur lieu les vers mal arrangés;
Il réprime des mots l'ambitieuse amphase;
Ici le sens le choque, et plus loin c'est la phrase :
Votre construction semble un peu s'obscurcir :
Ce terme est équivoque; il le faut éclaircir.
C'est ainsi que vous parle un ami véritable.
Mais souvent sur ses vers un auteur intraitable
A les protéger tous se croit intéressé,
Et d'abord prend en main le droit de l'offensé.
De ces vers, direz-vous, l'expression est basse.
Ah! Monsieur, pour ce vers, je vous demande grâce,
Répondra-t-il d'abord. — Ce mot me semble froid,
Je le retrancherais. — C'est le plus bel endroit !
— Ce tour ne me plaît pas. — Tout le monde l'admire !

Mordicùs ergò suis hærens ne scripta retractet,
Uno si forsan verbo te læserit ille,
Idcircò monitis surdus, delere recusat.
Si tamen huic credas, olli censura probatur :
Hujus musa tuam patitur non aspera limam.
Sed quâ blanditur tibi, pulchra oratio spectat
Hùc ut sustineas recitantem carmina captus.
Deindè valere jubet te contentusque camænâ,
It quærens alium qui stultus mordeat hamum :
Occurrunt quidam; ut stultis scriptoribus, herclè
Sic scatet hæc stultis admiratoribus ætas.
Nam cum permultos urbs et provincia pascat,
Grex ducis in tecto stabulat, grex principis aulâ.
Aulicus ardentem sese fuit usquè professus
Patronum scripti abnormis crassâque minervâ.
Et si mordaci liceat mihi claudere versu,
Stulti qui stultum mirentur, semper abundant.

FINIS LIBRI PRIMI.

Ainsi toujours constant à ne point se dédire,
Qu'un mot dans son ouvrage ait paru vous blesser,
C'est un titre chez lui pour ne point l'effacer.
Cependant, à l'entendre, il chérit la critique :
Vous avez sur ses vers un pouvoir despotique.
Mais tout ce beau discours, dont il vient vous flatter,
N'est rien qu'un piège adroit pour vous les réciter.
Aussitôt il vous quitte ; et, content de sa muse,
S'en va chercher ailleurs quelque fat qu'il abuse :
Car souvent il en trouve. Ainsi qu'en sots auteurs,
Notre siècle est fertile en sots admirateurs ;
Et, sans ceux que fournit la ville et la province,
Il en est chez le duc, il en est chez le prince.
L'ouvrage le plus plat a, chez les courtisans,
De tout temps rencontré de zélés partisans ;
Et, pour finir enfin par un trait de satire,
Un sot trouve toujours un plus sot qui l'admire.

FIN DU CHANT PREMIER.

LIBER SECUNDUS.

Qualis pastor agens festæ solemnia lucis,
Haud prodit raris caput exornata piropis;
Et non admiscens rutilis adamantibus aurum,
Eximios cultus vicinis colligit agris;
Præstanti facie, verùm sermone modesto,
Bellula, rejecto, niteant idyllia, fastu.
Nativus, simplexque color nihil arguit altum;
Nec juvat hunc tumidæ vesana superbia musæ.
Mentem titillent, acuant dulcedine versus,
Grandibus et caveant aures percellere verbis.
 Sylvestri verò desperans scribere musâ,
Sæpè jacit tenuem vates iratus avenam;
Bucolicoque tubam confidens carmine sumit,
Non benè consulto dementer turgidus æstro.
Pan audire timens, obscurus delitet ulvâ,
Præque metu Nymphæ se condunt fluminis alveo.
 Ille petens nigras humili sermone tabernas,
Agresti inducit pastores ore loquentes;
Illius abjecti versus inopesque leporis,
Oscula dant terræ, tuti timidique procellæ.
Non secùs agresti Ronsardus arundine quondam,
Est visus, gothico meditans idyllia versu,
Et duris teretes offendens cantibus aures,
Phillidis et Lycidæ notum convertere nomen.
 Non facilis trames scopulum patet inter utrumque;
Quà duce Theocrito, quà Virgilio ire memento.
Quos scripsère modos, musis dictantibus, illos

CHANT SECOND.

Telle qu'une bergère, au plus beau jour de fête,
De superbes rubis ne charge point sa tête,
Et, sans mêler à l'or l'éclat des diamans,
Cueille en un champ voisin ses plus beaux ornemens;
Telle, aimable en son air, mais humble dans son style,
Doit éclater sans pompe une élégante idylle.
Son tour simple et naïf n'a rien de fastueux,
Et n'aime point l'orgueil d'un vers présomptueux.
Il faut que sa douceur flatte, chatouille, éveille,
Et jamais de grands mots n'épouvante l'oreille.
 Mais souvent dans ce style un rimeur aux abois
Jette là, de dépit, la flûte et le hautbois;
Et, follement pompeux, dans sa verve indiscrette,
Au milieu d'une églogue entonne la trompette.
De peur de l'écouter, Pan fuit dans les roseaux,
Et les Nymphes, d'effroi, se cachent sous les eaux.
 Au contraire cet autre, abject en son langage,
Fait parler ses bergers comme on parle au village.
Ses vers plats et grossiers, dépouillés d'agrément,
Toujours baisent la terre, et rampent tristement :
On dirait que Ronsard, sur ses pipeaux rustiques,
Vient encor frédonner ses idylles gothiques,
Et changer, sans respect de l'oreille et du son,
Lycidas en Pierrot, et Phylis en Toinon.
 Entre ces deux excès la route est difficile.
Suivez, pour la trouver, Théocrite et Virgile :
Que leurs tendres écrits, par les Grâces dictés,

Nocturnâ pervolve manu, pervolve diurnâ.
Ili soli doctis poterunt ostendere chartis
Ecquâ, non reptans auctor canat arte minora,
Ludat Pomonam, campos, viridaria, Floram,
Pellat pastorum par in certamina cantûs,
Illecebras grati dulces commendet amoris,
Narcissum in florem transformet, cortice Daphnem
Vestiat, et quali quoquè sæpius ecloga versu,
Efficiat campos et sylvas consule dignos.
Hâc pollet dictum virtute leporeque carmen.

   Voce magis tumidâ, sed non nimis alta sonante,
Talari luctûs mærens elegia veste,
Scit juxta feretrum passo lugere capillo;
Lætos aut tristes nobis appingit amantes,
Irritat, terret, sedat, permulcet amicam.
Sed nequit alternos graphicè depingere motus
Vates, ni vivi flammâ deflagret amoris.

   Odi scriptorem cujus simulata camæna,
Perpetuò glaciata suos mihi jactitat ignes,
Quæ mihi mentitur sese mœstam atque furentem,
Et numeros scribens, gelidum prætendit amorem.
Duntaxat verbo tenùs illi pectus inardet:
Hunc juvat omninò semper se onerare catenis,
Servitii laudare jugum, laudare laborem,
Et sensus mentemque satis disjungere rixis.
Non hâc ridiculâ quondam ratione Cupido
Ipse dedit versus quasi suspirare Tibullo;
Sensibilique melos Nasonis pectore ducens,
Præstantem propriæ doctrinam tradidit artis.
Unum cor elego motus interprete pandat.

   Ode splendidior cantu, nec viribus impar,
Sublimi cœlum petit ambitiosa volatu,
Cum dis sermones in versibus audet habere.

Ne quittent point vos mains, jour et nuit feuilletés.
Seuls, dans leurs doctes vers, ils pourront vous apprendre
Par quel art sans bassesse un auteur peut descendre;
Chanter Flore, les champs, Pomone, les vergers;
Au combat de la flûte animer deux bergers;
Des plaisirs de l'amour vanter la douce amorce;
Changer Narcisse en fleur, couvrir Daphné d'écorce;
Et par quel art encor l'églogue quelquefois
Rend dignes d'un consul (9) la campagne et les bois.
Tel est de ce poème et la force et la grâce.

   D'un ton un peu plus haut, mais pourtant sans audace,
La plaintive élégie, en longs habits de deuil,
Sait, les cheveux épars, gémir sur un cercueil.
Elle peint des amans la joie et la tristesse;
Flatte, menace, irrite, appaise une maîtresse.
Mais pour bien exprimer ces caprices heureux,
C'est peu d'être poëte, il faut être amoureux.

   Je hais ces vains auteurs, dont la muse forcée,
M'entretient de ses feux, toujours froide et glacée,
Qui s'affligent par art, et, fous de sens rassis,
S'érigent, pour rimer, en amoureux transis.
Leurs transports les plus doux ne sont que phrases vaines:
Ils ne savent jamais que se charger de chaînes,
Que bénir leur martyre, adorer leur prison,
Et faire quereller les sens et la raison.
Ce n'était pas jadis sur ce ton ridicule
Qu'Amour dictait les vers que soupirait Tibulle;
Ou que, du tendre Ovide animant les doux sons,
Il donnait de son art les charmantes leçons.
Il faut que le cœur seul parle dans l'élégie.

   L'ode avec plus d'éclat, et non moins d'énergie,
Élevant jusqu'au ciel son vol ambitieux,
Entretient dans ses vers commerce avec les dieux.

Athletas Pisæ dimittit carcere rupto,
Hunc celebrat metam tetigit qui pulvere sparsus,
Sanguineum ad ripas Simoentis ducit Achillen,
Aut Scaldim imperio Lodoici cedere cogit.
Indulgens apium ferventi sæpè labori,
Gemmantem rivi denudat floribus oram.
Saltatus nobis pingit, convivia, risus;
Iridis in labiis delibata oscula jactat,
Quæ se sævitiâ dulci complexibus arcens,
Expugnanda viro malè tuta recalcitrat unquam.
Ode sæpè vago fertur rapidissima cursu;
Cum rectè turbata ruit, tunc prædicat artem.

   Frigidus et mollis procùl hinc, procùl esto poeta,
Qui sapiente furens in versibus ordine currit;
Qui res præclarè gestas et prælia dicens,
Historicus tenuis, transactis tempora reddit.
Deflectat nunquàm timidus ratione statuti,
Dolam non capiet nisi se priùs Insula reddat;
Et nisi Mezerii fido res ordine narrans
Carmen, Cortraci muros jàm straverit urbis.
Illi perpetuô flammas invidit Apollo.

   Hinc illud numen morosum dicitur olim,
Francigenis durum meditans imponere pensum,
Excudisse scabrâ faciendum lege poema:
Quippe duo instituit simili tetrasticha metro,
Ut par et duplex sonus, octo redderet ictus:
Post miro structos voluit sex ordine versus,
In geminam partem sensu discindier æquè.
Sonneto imprimis sanxit strictissima jura,
Necnon cum numero rythmum præfiniit ipse.
Huc nunquàm mollem permisit repere versum,
Nec vocem quæ jàm fuit usurpata, redire:
Huic porrò lumen lætosque afflavit honores.

Aux Athlètes dans Pise (10) elle ouvre la barrière,
Chante un vainqueur poudreux au bout de la carrière,
Mène Achille sanglant aux bords du Simoïs,
Ou fait fléchir l'Escaut sous le joug de Louis.
Tantôt, comme une abeille ardente à son ouvrage,
Elle s'en va de fleurs dépouiller le rivage;
Elle peint les festins, les danses et les ris;
Vante un baiser cueilli sur les lèvres d'Iris,
Qui mollement résiste, et, par un doux caprice,
Quelquefois le refuse, afin qu'on le ravisse (11).
Son style impétueux souvent marche au hasard :
Chez elle un beau désordre est un effet de l'art.

 Loin ces rimeurs craintifs, dont l'esprit phlegmatique
Garde dans ses fureurs un ordre didactique;
Qui, chantant d'un héros les progrès éclatans,
Maigres historiens, suivront l'ordre des temps.
Ils n'osent un moment perdre un sujet de vue :
Pour prendre Dole, il faut que Lille soit rendue;
Et que leur vers exact, ainsi que Mezeray,
Ait fait déjà tomber les ramparts de Courtray.
Apollon de son feu leur fut toujours avare.

 On dit, à ce propos, qu'un jour ce dieu bizarre,
Voulant pousser à bout tous les rimeurs françois,
Inventa du sonnet les rigoureuses lois;
Voulut qu'en deux quatrains de mesure pareille,
La rime avec deux sons frappât huit fois l'oreille;
Et qu'ensuite six vers artistement rangés
Fussent en deux tercets par le sens partagés.
Surtout de ce poëme il bannit la licence :
Lui-même en mesura le nombre et la cadence;
Défendit qu'un vers faible y pût jamais entrer,
Ni qu'un mot déjà mis osât s'y remontrer.
Du reste il l'enrichit d'une beauté suprême :

Est id perfectum promissi carminis instar.
Sed frustrà hæc multis votorum summa poetis;
Nondùm prodivit phœnix sub luminis auras.
Vix miranda duo triave inter mille, legenti
Præbent Gombaldus, Malevillusque, atque Menardus.
Cætera Pelletii cæcis addicta tenebris,
Uno jàm saltu commutavêre penates
Serci, nonnullis ubi venit aroma tabernis.
Longior aut brevior semper mensura resistit
Ne tu præscripto concludas limite sensum.
  In breviore morans epigramma solutius orbe,
Sæpè joco constat quem duplex carmen adornat.
Quando sales nostris alieni finibus essent,
Ipsos Italicis Galli arcessivimus oris.
Hi, populi studiis nimiùm stimulantibus acti,
Præcipiti Pindum mox complevêre catervâ.
Quorum fallaci deceptum lumine vulgus,
Illecebris inhians, ardens objecta petivit.
Isti principio madrigallum acuêre poema;
Non sua sonnetum servare superbia quivit.
Deliciis illos grandes habuêre cothurni,
His Cea (*) sollicitos ornavit nænia motus;
In scenam sale conditum prodire juvabat.
Fortè careret amans hôc, suspirare pudebat.
Indè novam pastor nullus jactare querelam,
Quominùs ante suæ dicteria ferret amicæ.
Ora duo voci diversa fuêre cuivis.
Non magis huic versus patuit quam sermo solutus.
Ilis horrere foro, patroni scripta videres,
Doctores Evangelium farcire cathedrâ.
  Læsa suam ratio damnavit denique culpam;

(*) Simonides natus in Ceo, lugubre quoddam carminis genus invenit.

Un sonnet sans défaut vaut seul un long poème.
Mais en vain mille auteurs y pensent arriver;
Et cet heureux phénix est encore à trouver.
A peine dans Gombaut, Maynard et Malleville,
En peut-on admirer deux ou trois entre mille :
Le reste, aussi peu lu que ceux de Pelletier,
N'a fait de chez Sercy (12) qu'un saut chez l'épicier.
Pour enfermer son sens dans la borne prescrite,
La mesure est toujours trop longue ou trop petite.

L'épigramme, plus libre en son tour plus borné,
N'est souvent qu'un bon mot de deux rimes orné.
Jadis de nos auteurs les pointes ignorées
Furent de l'Italie en nos vers attirées.
Le vulgaire, ébloui de leur faux agrément,
A ce nouvel appât courut avidement.
La faveur du public excitant leur audace,
Leur nombre impétueux inonda le Parnasse :
Le madrigal d'abord en fut enveloppé;
Le sonnet orgueilleux lui même en fut frappé;
La tragédie (13) en fit ses plus chères délices;
L'élégie en orna ses douloureux caprices ;
Un héros sur la scène eut soin de s'en parer,
Et sans pointe un amant n'osa plus soupirer;
On vit tous les bergers, dans leurs plaintes nouvelles,
Fidèles à la pointe encor plus qu'à leurs belles ;
Chaque mot eut toujours deux visages divers;
La prose la reçut aussi bien que les vers;
L'avocat au palais en hérissa son style,
Et le docteur (14) en chaire en sema l'Évangile.
La raison outragée enfin ouvrit les yeux,

Ex gravibus scriptis æternùm exclusit acumen,
Et cunctis infame suis sermonibus arcens,
Huic tantùm dedit indulgens epigramma subire,
Si condita salis mordaci gratia micâ,
In sensum caderet, non circà nomina versans.
Omnibus indè locis effrena licentia cessit.
Verùm Turlupinos stabiles non depulit aula,
Infortunatos scurras, vacuosque sapore,
Vocibus insulsis quæ jàm cecidêre, studentes.
Id fateor, quandòque potest arguta camœna,
In quodam strictim duntaxat ludere verbo,
Et felix sensu detortæ vocis abuti.
Attamen esto jocis parcus tenuisque serendis;
Ne, nimis indulgens his, semper acumine vano,
Ridiculè stultis acuas epigrammata caudis.

Omne poema suo clarum splendore coruscat.
Gallica rondaldo candorem donat origo.
Ballada cum veteri nobis sit lege struenda,
Sæpè petit lucem parium levitate sonorum :
Simplicitate magis (*) et nobilitate notandum,
Dulcia cum summo madrigallum spirat amore.

Non pòl censuræ, sed clari nominis ardor,
Armavit satyræ mordaci carmine verum.
Illud Lucilius prior in lucem edere cœpit :
Exhibuit speculo, romanæ turpia plebis.
Hinc tumidi dites merito cessêre jacenti,
Atque probo pediti, qui curribus eminet altis;
Mox sale defricuit festivus Horatius urbem,
Vecordem et fatuum non ampliùs esse licebat.
Infelix illud nomen censore notandum,
Quod potuit justo concludi limite versûs.

(*) Ultima syllaba verbi *magis* producitur vi cæsuræ.

La chassa pour jamais des discours sérieux ;
Et, dans tous ses écrits la déclarant infâme,
Par grâce lui laissa l'entrée en l'épigramme,
Pourvu que sa finesse, éclatant à propos,
Roulât sur la pensée, et non pas sur les mots.
Ainsi de toutes parts les désordres cessèrent.
Toutefois à la cour les Turlupins restèrent,
Insipides plaisans, bouffons infortunés,
D'un jeu de mots grossiers partisans surannés.
Ce n'est pas quelquefois qu'une muse un peu fine
Sur un mot en passant ne joue et ne badine,
Et d'un sens détourné n'abuse avec succès ;
Mais fuyez sur ce point un ridicule excès ;
Et n'allez pas toujours d'une pointe frivole
Aiguiser par la queue une épigramme folle.

   Tout poème est brillant de sa propre beauté.
Le rondeau, né gaulois, a la naïveté.
La ballade, asservie à ses vieilles maximes,
Souvent doit tout son lustre au caprice des rimes.
Le madrigal, plus simple, et plus noble en son tour,
Respire la douceur, la tendresse et l'amour.

   L'ardeur de se montrer, et non pas de médir,
Arma la vérité du vers de la satire.
Lucile le premier osa la faire voir ;
Aux vices des Romains présenta le miroir ;
Vengea l'humble vertu, de la richesse altière,
Et l'honnête homme à pied, du faquin en litière.
Horace à cette aigreur mêla son enjoûment :
On ne fut plus ni fat ni sot impunément ;
Et malheur à tout nom qui, propre à la censure,
Pût entrer dans un vers sans rompre la mesure.

Persius obscuro sed presso carmine notus,
Omninò paucis absolvere multa studebat.
   Vociferante scholâ doctus Juvenalis amavit
Innixus celsis mordax incedere grallis.
Cum veris horrens occurrat ubiquè poeta,
Interfusa nitent oculis sublimia nostris.
Seu cùm, de Capræis mandanti principis irâ,
Frangit Sejani signum venerabile plebi;
Seu cùm consilio cogit properare senatum
Assuetos pavido trepidè assentire tyranno;
Seu cùm Romanos veneris calcaribus urgens,
Messalinæ thalamum dat inire geronibus urbis,
Igniculos passim vehementia carmina præbent.
   Talibus ingeniis solers doctoribus usus,
Regnerus solus nostratum proximus illis,
Floret adhùc ritu juvenum, sermone vetustus;
Felix si, menti scriptura timenda pudicæ,
Non loca quæ scriptor celebrare solebat, oleret,
Et non audacter versus obscena canentes,
Implerent castas crebris terroribus aures.
   Nescit in impuris romanus sermo rubere;
Vindicat è contra Gallus sibi lector honesta.
Illud lædit eum quod luxuriare videtur,
Si castis verbis non obveletur imago.
Candor dentatas commendet postulo chartas,
Qui mihi casta canunt odi vitoque protervos.
   Decerpens aliquid de salsis carminis hujus,
Formavit Gallus carmen triviale malignus.
Imprudens gratè quod manans auspice cantu,
Multa per ora volat viresque acquirit eundo.
Gallica libertas lascivit versibus hujus.
Hic fetus genii vult inter gaudia nasci.
Dùm verò captas ansam damnosa jocandi,

Perse en ses vers obscurs, mais serrés et pressans,
Affecta d'enfermer moins de mots que de sens.
  Juvénal élevé dans les cris de l'école,
Poussa jusqu'à l'excès sa mordante hyperbole.
Ses ouvrages, tout pleins d'affreuses vérités,
Étincellent pourtant de sublimes beautés.
Soit que (15) sur un écrit arrivé de Caprée
Il brise de Séjan la statue adorée;
Soit (16) qu'il fasse au conseil courir les sénateurs,
D'un tyran soupçonneux pâles adulateurs;
Ou que (17) poussant à bout la luxure latine,
Aux portefaix de Rome il vende Messaline,
Ses écrits pleins de feu partout brillent aux yeux.
  De ces maîtres savans, disciple ingénieux,
Régnier seul, parmi nous, formé sur leurs modèles,
Dans son vieux style encore a des grâces nouvelles.
Heureux, si ses discours craints du chaste lecteur,
Ne se sentaient des lieux où fréquentait l'auteur;
Et si du son hardi de ses rimes cyniques,
Il n'alarmait souvent les oreilles pudiques!
  Le latin, dans les mots, brave l'honnêteté :
Mais le lecteur français veut être respecté ;
Du moindre sens impur la liberté l'outrage,
Si la pudeur des mots n'en adoucit l'image.
Je veux dans la satire un esprit de candeur,
Et fuis un effronté qui prêche la pudeur.
  D'un trait de ce poëme, en bons mots si fertile,
Le Français, né malin, forma le vaudeville;
Agréable indiscret, qui, conduit par le chant,
Passe de bouche en bouche, et s'accroît en marchant.
La liberté française en ses vers se déploie :
Cet enfant de plaisir veut naître dans la joie.
Toutefois n'allez pas, goguenard dangereux,

Improbus in ludum Numen convertere mittas;
Quippe quod impietas laudat donatve coronâ,
Infaustâ dicax persolvit ab arbore pendens.
Communem sensum vel cantio poscit et artem:
Verùm fortuitus cum Bacchi munere casus
Evaluit quondàm pingui inspirare camœnœ,
Lænerioque strophen dictavit Apolline nullo.
Sed quanquàm fortuna dedit tibi pangere versus,
Ne fumo captum te fallax afferat aura.
Exigui cantûs auctor quondoque triumphans,
Se quasi jure dato vatem, mora nulla, salutat;
Nec requies quin sonnetum perfecerit idem.
Quovis manè polit tibi sex ex tempore fœtus.
Quin etiam mirum si stultus, mente vagatâ,
Prælo subjiciens mox somnia verticis ægri,
Non sese exhibeat spectandum fronte libelli,
Nantolii manibus redimitum tempora lauro.

FINIS LIBRI SECUNDI.

Faire Dieu le sujet d'un badinage affreux :
A la fin tous ces jeux, que l'athéisme élève,
Conduisent tristement le plaisant à la Grève.
Il faut, même en chansons, du bon sens et de l'art :
Mais pourtant on a vu le vin et le hasard
Inspirer quelquefois une muse grossière,
Et fournir sans génie un couplet à Linière.
Mais pour un vain bonheur qui vous a fait rimer,
Gardez qu'un sot orgueil ne vous vienne enfumer.
Souvent l'auteur altier de quelque chansonnette
Au même instant prend droit de se croire poète :
Il ne dormira plus qu'il n'ait fait un sonnet;
Il met tous les matins six in-promptus au net.
Encore est-ce un miracle, en ses vagues furies,
Si bientôt, imprimant ses sottes rêveries,
Il ne se fait graver au-devant du recueil,
Couronné de lauriers par la main de Nanteuil (18).

FIN DU CHANT SECOND.

LIBER TERTIUS.

Non est serpentis forma aut inamabile monstrum
Cujus non placeat simulatio proxima veris :
Jucundâ ridet quod erat deforme, figurâ,
Illud si graphii doctâ depingitur arte.
Sic nos merenti captura tragœdia versu,
Sanguinei Œdipodis docuit clamare dolores,
Occisâ genitrice metus expressit Orestis,
Et nostra in dulces ploratus lumina solvit.
   O qui præclaro deflagrans igne theatri !
Audes magnifico tragicus contendere versu,
Tene juvat nostris agitare poemata scenis,
Quæ, visura ruens, laudare Lutetia certet,
Et quæ, visa magis spectanti propè, decora,
Viginti mereant post annos acta reponi?
Omnes spectantis cor curent tangere versus,
Et quocumquè volent, animum auditoris agunto.
Si pulchri motûs jucundo sæpè furore,
Non grati nostrum terrores pectus adimplent,
Aut non pertentat dulci miseratio sensu,
Nil juvat in scenam doctis prodire cothurnis :
Torpet spectator scenâ frigente gelatus,
Spectator placido semper tibi plaudere tardus,
Et qui rhetoricæ vanis conatibus artis
Defessus, meritò dormit, ridetve poema.
   Principio est operæ pretium recreare movendo;
Nos multâ studeas suspensos arte morari.

CHANT TROISIÈME.

Il n'est point de serpent, ni de monstre odieux,
Qui, par l'art imité, ne puisse plaire aux yeux :
D'un pinceau délicat l'artifice agréable,
Du plus affreux objet, fait un objet aimable.
Ainsi, pour nous charmer, la tragédie en pleurs
D'Œdipe tout sanglant (19) fit parler les douleurs,
D'Oreste parricide exprima les alarmes,
Et, pour nous divertir, nous arracha des larmes.
  Vous donc, qui, d'un beau feu pour le théâtre épris,
Venez en vers pompeux y disputer le prix,
Voulez-vous sur la scène étaler des ouvrages,
Où tout Paris en foule apporte ses suffrages,
Et qui, toujours plus beaux, plus ils sont regardés,
Soient au bout de vingt ans encor redemandés?
Que dans tous vos discours la passion émue,
Aille chercher le cœur, l'échauffe et le remue.
Si d'un beau mouvement l'agréable fureur
Souvent ne nous remplit d'une douce terreur,
Ou n'excite en notre âme une pitié charmante,
En vain vous étalez une scène savante :
Vos froids raisonnemens ne feront qu'attiédir
Un spectateur toujours paresseux d'applaudir,
Et qui, des vains efforts de votre rhétorique
Justement fatigué, s'endort, ou vous critique.
  Le secret est d'abord de plaire et de toucher.
Inventez des ressorts qui puissent m'attacher.

Protinùs à primis adiens rem versibus auctor,
Nos ad propositum proclivi limine ducat.
Rideo scriptorem qui lentus promere sensa,
Quò spectet sermo, primùm mihi dicere nescit:
Quique per ambages nodum explanare laborans,
Cùm me deberet gratè recreare, fatigat.
Hic meliùs declinaret, me judice, nomen,
Seque Agamemnonem vel Orestem diceret esse,
Quàm confusarum pandens miracula rerum,
Nullo subjecto sensu, sermo obstrepat auri.
Tu non lectorem per longa exorsa tenebis.
  Scenam præfini mihi quâ res acta refertur,
Transpyrenæi possunt impunè poetæ,
Annos in scenâ complectier orbe diei:
Qui pinguem hic iniit scenam florente juventâ,
Sæpiùs extremo discedit barbiger actu.
Sed nos quos ratio plus strictâ lege refrenat,
Ut res eximiâ procedant arte cavemus;
Uno facta loco res, uno sole theatrum
Sola frequens teneat dùm cantor plaudite dicat.
  Ex oculis quodcumque fidem non promeret, aufer :
Sed non semper habet, veri res vera colorem.
Mirum quod promis mihi sic, incredulus odi :
Nostram non acuit fidei res absona mentem.
Quod meret intùs agi, narret facundia præsens.
Fortiùs irritant oculo subjecta fideli;
Res tamen occurrunt doctâ quas arte tragœdus
Ex oculis tollat, modò demittenda per aurem.
  Per scenas semper fac perturbatio crescens,
Cùm nequit ulteriùs produci, concidat ultrò.
Præcipuo tunc spectator percellitur ictu,
Cùm nodos nodis tragico impediente poeta,

Que dès les premiers vers l'action préparée
Sans peine du sujet applanisse l'entrée.
Je me ris d'un acteur qui, lent à s'exprimer,
De ce qu'il veut, d'abord ne sait pas m'informer;
Et qui débrouillant mal une pénible intrigue,
D'un divertissement me fait une fatigue.
J'aimerais mieux encor qu'il déclinât son nom (20),
Et dit : Je suis Oreste, ou bien Agamemnon,
Que d'aller, par un tas de confuses merveilles :
Sans rien dire à l'esprit, étourdir les oreilles.
Le sujet n'est jamais assez tôt expliqué.

  Que le lieu de la scène y soit fixe et marqué.
Un rimeur, sans péril, delà les Pyrénées,
Sur la scène en un jour renferme des années :
Là souvent le héros d'un spectacle grossier,
Enfant au premier acte, est barbon au dernier.
Mais nous, que la raison à ses règles engage,
Nous voulons qu'avec art l'action se ménage;
Qu'en un lieu, qu'en un jour, un seul fait accompli
Tienne jusqu'à la fin le théâtre rempli.

  Jamais au spectateur n'offrez rien d'incroyable :
Le vrai peut quelquefois n'être pas vraisemblable.
Une merveille absurde est pour moi sans appas :
L'esprit n'est point ému de ce qu'il ne croit pas.
Ce qu'on ne doit point voir, qu'un récit nous l'expose :
Les yeux en le voyant saisiraient mieux la chose;
Mais il est des objets que l'art judicieux
Doit offrir à l'oreille et reculer des yeux.

  Que le trouble, toujours croissant de scène en scène,
A son comble arrivé se débrouille sans peine.
L'esprit ne se sent point plus vivement frappé
Que lorsqu'en un sujet d'intrigue enveloppé

Res innotescit subitò quæ tecta latebat,
Omnibus et versis venit insperata figura.
　Nascentis facies rudis indigestaque scenæ;
Merus erat primùm chorus in quo quisque Liæi
Laudes et nomen saltando, ritè canebat,
Atquè suis lætas poscebat vitibus uvas.
Ille cùm ferverent animi inter pocula læti,
Hircum, qui poterat cantu superare, ferebat.
　Narratur Thespis spurcatus fæcibus ora,
Per pagos stultum et felix vexisse poema,
Plaustroque imponens absurdâ veste notandos
Actores, occurrentem novitate moratus.
　Post hunc personæ pallæque repertor honestæ,
Œschylus induxit choreas actoribus auctas;
Luce palàm modicis instrata in pulpita tignis,
Prodire actorem docuit, nitique cothurno.
　Ingenio pandens postremùm vela Sophocles,
Luxuriamque modumque novos priscæ addidit arti,
Actorum totas choream defendere partes
Instituit, versûs nimiùm scabra verba polivit,
Ut tunc eloquium divinum Græcia ferret,
Quò nunquàm Latii pervenit musa pedestris.
　Detestata piis aliquandò tragœdia Gallis,
Nulla fuit patribus, multis labentibus annis.
Rustica si qua fides peragrantûm turba piorum,
Se primùm capiti spectandam præbuit urbi,
Et nimiùm stulto flagrans ac simplice zelo,
Sancta Deum lusit, cœlestes atque Mariam.
Ingenio pinguem sed enim superante minervam,
Devotæ patuit tandem imprudentia musæ,
Pulsi doctores, nullo mittente, docentes;
Ilion, Andromache desueta, Hectorque renati.
　Tegmine deposito quod mimis ora tegebat,

D'un secret tout-à-coup la vérité connue
Change tout, donne à tout une face imprévue.

    La tragédie, informe et grossière en naissant,
N'était qu'un simple chœur, où chacun en dansant,
Et du dieu des raisins entonnant les louanges,
S'efforçait d'attirer de fertiles vendanges.
Là, le vin et la joie éveillant les esprits,
Du plus habile chantre un bouc était le prix.

    Thespis fut le premier qui, barbouillé de lie,
Promena par les bourgs (21) cette heureuse folie;
Et, d'acteurs mal ornés chargeant un tombereau,
Amusa les passans d'un spectacle nouveau.

    Eschyle dans le chœur jeta les personnages,
D'un masque plus honnête habilla les visages,
Sur les ais d'un théâtre en public exhaussé
Fit paraître l'acteur d'un brodequin chaussé.

    Sophocle enfin, donnant l'essor à son génie,
Accrut encor la pompe, augmenta l'harmonie,
Intéressa le chœur dans toute l'action,
Des vers trop raboteux polit l'expression,
Lui donna chez les Grecs cette hauteur divine (22)
Où jamais n'atteignit la faiblesse latine.

    Chez nos dévots aïeux le théâtre abhorré
Fut long-temps dans la France un plaisir ignoré.
De pélerins (23), dit-on, une troupe grossière
En public à Paris y monta la première;
Et, sottement zélée en sa simplicité,
Joua les saints, la vierge, et Dieu, par piété.
Le savoir, à la fin dissipant l'ignorance,
Fit voir de ce projet la dévote imprudence.
On chassa ces docteurs prêchant sans mission;
On vit renaître Hector, Andromaque, Ilion (24).
Seulement les acteurs laissant le masque antique (25)

Cessit supposito chorus ac quoque musica plectro.
  Post breve tempus, amor teneris affectibus uber,
Serpsit in intactam velut in fictitia, scenam.
Illius affectûs descriptio nata movendo,
Orbita certa quidem datur ad penetralia cordis.
Per nos ergò licet pingas heroa flagrantem;
At non dulciculi fiat pastoris imago.
Fac, secus ac Thyrsis Phileneque uratur Achilles.
In formam Artamenis noli convertere Cyrum;
Atque frequenter amor damnandi conscius ignis,
Se vitio dignum potiùs quàm laude probato.
  Quæ commenta suis tribuunt, puerilia vites;
Quâdam labe tamen vel maxima corda notentur:
Displiceat certè nobis minùs acer Achilles:
Hunc decet offensâ flentem mordente videri.
Ilis levibus nævis spectandus, nobilis heros
Communis præbet grata exemplaria vitæ.
Talibus indiciis signatus prodeat ergò;
Esto ferox Agamemno, superbus, commoda quærens;
Æneas rigido veneretur honore Penates:
Naturam cujusque suo depinge colore,
Quà proprios ævo, quà terræ respice mores;
Finguntur variæ quandoquè ad climata mentes.
  Non sic attribuas ut quondàm *Clelia* carmen,
Ingenium galli prisco vultumque latino;
Nec, pingens nostros romano nomine mores,
Molliculum Brutum vel amantem finge Catonem.
Ignocenda quidem quæ commentitia peccant;
Sufficit ut cursim delectet fabula mentes;
Non locus hìc strictis plus æquo legibus esset;
Semper in adjunctis sed scena morabitur aptis:
Descriptas servato vices servato colores.
  Si quid inexpertum scenæ committis et audes,

Le violon tint lieu (26) de chœur et de musique.
  Bientôt l'amour, fertile en tendres sentimens,
S'empara du théâtre ainsi que des romans.
De cette passion la sensible peinture
Est pour aller au cœur la route la plus sûre.
Peignez donc, j'y consens, les héros amoureux;
Mais ne m'en formez pas des bergers doucereux :
Qu'Achille aime autrement que Thyrsis et Philène ;
N'allez pas d'un Cyrus nous faire un Artamène ;
Et que l'amour, souvent de remords combattu,
Paraisse une faiblesse et non une vertu.
  Des héros de roman fuyez les petitesses :
Toutefois aux grands cœurs donnez quelques faiblesses.
Achille déplairait moins bouillant et moins prompt :
J'aime à lui voir verser des pleurs pour un affront.
A ces petits défauts marqués dans sa peinture,
L'esprit avec plaisir reconnaît la nature.
Qu'il soit sur ce modèle en vos écrits tracé :
Qu'Agamemnon soit fier, superbe, intéressé ;
Que pour ses dieux Énée ait un respect austère.
Conservez à chacun son propre caractère.
Des siècles, des pays, étudiez les mœurs :
Les climats font souvent les diverses humeurs.
  Gardez donc de donner, ainsi que dans Clélie,
L'air ni l'esprit français à l'antique Italie ;
Et, sous des noms romains faisant notre portrait,
Peindre Caton galant, et Brutus dameret.
Dans un roman frivole aisément tout s'excuse;
C'est assez qu'en courant la fiction amuse ;
Trop de rigueur alors serait hors de saison :
Mais la scène demande une exacte raison ;
L'étroite bienséance y veut être gardée.
  D'un nouveau personnage inventez-vous l'idée ?

Personam formare novam, servetur ad imum,
Qualis ab incœpto processerit, ac sibi constet.
  Sæpius imprudens qui sese diligit auctor,
Omnes heroas propriis affectibus ornat:
Vasconis morem cuncta in vascone loquuntur;
Non Juba Calprenedeque tono discordia signant.
  Ad varios habitus benè nos natura figurat;
Quilibet effertur diverso interprete motus:
Vultum verba decent iratum plena minarum;
Tristia quos ad humum mœror deducit et angit.
  Non Hecuba in tumidam, Trojâ fumante, querelam
Erumpat, vario mentem turbatâ dolore,
Nec dicat gratis quibus in deformibus oris
Euxinus Tanaim per septena ebibat ora.
Hæ voces tumido quas actor projicit ore,
Illum qui gaudet multa effutire, loquuntur.
Convenit angenti dejecta loquela dolori:
Si me flere cupis, debes primùm ipse dolere.
Quas jacis ampullas et sesquipedalia verba,
Non præeunt animi quos infortunia lædant.
  Fertile difficili nostrum censore theatrum,
Non est quam facilè percurras area campi.
Non datur hic faciles vati colligere messes;
Semper adest illum qui naso ducat adunco:
Ignarum fatuumque potest hunc quisque vocare;
Hoc jus acquirunt tangendo limina portæ.
Ut juvat, in centum debet se vertere formas,
Nunc humili sermone loqui, nunc tollere vocem.
Emicet in cuncto grandis sententia versu;
Sit facilis, solidus, sapiens sparsusque lepore;
Arrigat usquè meam mirorum pagina mentem;
Sagæ connectant ex miris mira camænæ;
Figanturque animis et planè verba penetrent,

Qu'en tout avec soi-même il se montre d'accord,
Et qu'il soit jusqu'au bout tel qu'on l'a vu d'abord.

    Souvent, sans y penser, un écrivain qui s'aime
Forme tous ses héros semblables à soi-même :
Tout a l'humeur gasconne en un auteur gascon ;
Calprenède et Juba (27) parlent du même ton.

    La nature est en nous plus diverse et plus sage ;
Chaque passion parle un différent langage :
La colère est superbe, et veut des mots altiers ;
L'abbattement s'explique en des termes moins fiers.

    Que devant Troie en flamme Hécube désolée
Ne vienne pas pousser une plainte ampoulée,
Ni sans raison décrire en quel affreux pays
Par sept bouches l'Euxin reçoit le Tanaïs (28).
Tous ces pompeux amas d'expressions frivoles
Sont d'un déclamateur amoureux des paroles.
Il faut dans la douleur que vous vous abaissiez :
Pour me tirer des pleurs, il faut que vous pleuriez.
Ces grands mots dont alors l'acteur emplit sa bouche
Ne partent point d'un cœur que sa misère touche.

    Le théâtre, fertile en censeurs pointilleux,
Chez nous pour se produire est un champ périlleux.
Un auteur n'y fait pas de faciles conquêtes ;
Il trouve à le siffler des bouches toujours prêtes :
Chacun le peut traiter de fat et d'ignorant ;
C'est un droit qu'à la porte on achète en entrant.
Il faut qu'en cent façons, pour plaire, il se replie ;
Que tantôt il s'élève et tantôt s'humilie ;
Qu'en nobles sentimens il soit partout fécond ;
Qu'il soit aisé, solide, agréable, profond ;
Que de traits surprenans sans cesse il nous réveille ;
Qu'il coure dans ses vers de merveille en merveille ;
Et que tout ce qu'il dit, facile à retenir,

Ut nunquàm nostro labantur pectore lecta.
Tali Melpomene gaudet procedere passu.

   Musa dedit cornu multo majora canente,
Vasto promissum ducenti carmine factum,
Vivere figmentis epicæ, illis stare poesi.
Hic nos ut rapiat, nihil actor linguit inausum :
Os, animam, corpus, mentem res induit omnis;
Quælibet in numen virtus convertitur unum :
Sic Venus incedit decor et prudentia Pallas.
Non resonante vapor cœlum qualit ipse tonitru,
Verùm dextra Jovis jaculata ut terreat orbem.
Cum mortem nautis intentant æquoris iræ,
Neptunus tumidas frendens tunc increpat undas;
Non sonus aeriis resonans est tractibus echo,
Sed quæ Narcissum flens urget Nympha querelis.
Sic claro generans centum miracula partu,
Gaudet congerie fictorum ludere vates,
In majus res attollit, decus omnibus addit :
Suppetit huic semper florum lætissima messis.
Si cursu excutiens Æneau atque carinas,
Littus in Afrorum pellat violentia ponti,
Fatorum solitis ex legibus accidit istud,
Hoc fortuna solet non raro ludere casu.
Sed Juno æternum servans sub pectore vulnus,
Relliquias Trojæ per aquas infesta sequatur;
Istius hortatu profugos Latio Æolus arcens,
Incutiat magnam ventis luctantibus iram,
Carcere perrupto; placidum caput efferat undâ
Neptunus; citiùs dicto tumida æquora placet,
Et cœlum nutu tempestatesque serenet;
Per syrtes classem scopulo detrudat apertos,
Arrectus lector pendet dicentis ab ore.
Quo sine languescens versus splendore jacebit,

                                              De

De son ouvrage en nous laisse un long souvenir.
Ainsi la tragédie agit, marche, et s'explique.

 D'un air plus grand encor la poésie épique,
Dans le vaste récit d'une longue action,
Se soutient par la fable, et vit de fiction.
Là pour nous enchanter tout est mis en usage :
Tout prend un corps, une âme, un esprit, un visage.
Chaque vertu devient une divinité :
Minerve est la prudence, et Vénus la beauté;
Ce n'est plus la vapeur qui produit le tonnerre,
C'est Jupiter armé pour effrayer la terre;
Un orage terrible aux yeux des matelots,
C'est Neptune en courroux qui gourmande les flots;
Echo n'est plus un son qui dans l'air retentisse,
C'est une Nymphe en pleurs qui se plaint de Narcisse.
Ainsi, dans cet amas de nobles fictions,
Le poète s'égaie en mille inventions,
Orne, élève, embellit, agrandit toutes choses,
Et trouve sous sa main des fleurs toujours écloses.
Qu'Énée et ses vaisseaux, par le vent écartés,
Soient aux bords africains d'un orage emportés,
Ce n'est qu'une aventure ordinaire et commune,
Qu'un coup peu surprenant des traits de la fortune.
Mais que Junon, constante en son aversion,
Poursuive sur les flots les restes d'Ilion;
Qu'Éole, en sa faveur, les chassant d'Italie,
Ouvre aux vents mutinés les prisons d'Éolie;
Que Neptune en courroux s'élevant sur la mer
D'un mot calme les flots, mette la paix dans l'air,
Délivre les vaisseaux, des syrtes les arrache :
C'est là ce qui surprend, frappe, saisit, attache.
Sans tous ces ornemens le vers tombe en langueur;
La poésie est morte (29), ou rampe sans vigueur;

D

Reptabit moriens et cassa vigore poesis;
Frigidus orator vates duntaxat habetur,
Historicus nobis timide insulsissima fingens.
 Ergo nequicquam, nostrorum turba deerrans
Vatum, carminibus tales amandat honores,
Deliratque Deum, sanctos ejusque prophetas,
His similes divis è vatum vertice natis;
Lectorem quovis passu subducit in ortum,
Ut passim Astaroté, Belzebuth, Lucifer adsit.
Terribilis quem nos colimus, mysteria Christi,
Invia sunt hilari fuco quem ficta propinant.
Clamitat in toto nobis sacra pagina textu
Sontes irato debere piacula cœlo;
Fictorumque tuus sonti sertagine codex,
Vel fidei donat quem præfert fabula vultum.
Et quanam admissos delectet imagine tandem
Dæmon, qui cœlos querulis ululatibus implet;
Qui studet illustri tenebras offundere facto,
Et quandoque Deo decertare æmulus audet.
 Hoc Tassus, dicet quisquam, feliciter egit.
Non equidem hic animus fert illi intendere litem:
Sed quamvis nostrum laudem ejus prædicet ævum,
Non sese Hesperium jactaret carmine Tassi,
Si sapiens heros cœlum per vota fatigans,
Duntaxat Satanam tandem duxisset ad æquum;
Si non Argantus, Tancredus, amica, Renaldus,
Exhilaravissent intextis tristia lætis.
 Qui tamen è sacris quod tractat fontibus haurit,
Non placet admiscens insanè sacra profanis;
Sed qui pingendum quid ridens atque profanum,
Fictorum varia dubitat decorare figura;
Qui pelagi regno Tritonum monstra relegat;
Qui Panum calamo spoliat; qui forfice Parcas;

Le poëte n'est plus qu'un orateur timide,
Qu'un froid historien d'une fable insipide.

C'est donc bien vainement que nos auteurs déçus,
Banissant de leurs vers ces ornemens reçus,
Pensent faire agir Dieu, ses saints et ses prophètes,
Comme ces dieux éclos du cerveau des poètes;
Mettent à chaque pas le lecteur en enfer,
N'offrent rien qu'Astaroth, Belzébuth, Lucifer.
De la foi d'un chrétien les mystères terribles
D'ornemens égayés ne sont point susceptibles :
L'Évangile à l'esprit n'offre de tous côtés
Que pénitence à faire et tourmens mérités;
Et de vos fictions le mélange coupable
Même à ses vérités donne l'air de la fable.
Et quel objet enfin à présenter aux yeux
Que le diable toujours hurlant contre les cieux (30),
Qui de votre héros veut rabaisser la gloire,
Et souvent avec Dieu balance la victoire !

Le Tasse, dira-t-on, l'a fait avec succès.
Je ne veux point ici lui faire son procès :
Mais, quoi que notre siècle à sa gloire publie,
Il n'eût point de son livre illustré l'Italie,
Si son sage héros, toujours en oraison,
N'eût fait que mettre enfin Satan à la raison;
Et si Renaud, Argant, Tancrède et sa maîtresse,
N'eussent de son sujet égayé la tristesse.

Ce n'est pas que j'approuve, en un sujet chrétien (31)
Un auteur follement idolâtre et païen.
Mais, dans une profane et riante peinture,
De n'oser de la fable employer la figure;
De chasser les Tritons de l'empire des eaux;
D'ôter à Pan sa flûte, aux Parques leurs ciseaux;

Qui prohibet fusco transmitti lintre Charontis,
Pastorem et regem Stygiæ per stagna paludis,
Hic stultâ motus mihi relligione videtur,
Et vult lectori nudo sermone placere.
Jam induat humanum nolit Prudentia vultum;
Pitracium prœbere Themi cum lance vetabit;
Æratro tetrum vultu depingere Bellum,
Aut Tempus tacitis quod præceps labitur alis;
Et velut impietas foret, ex sermonibus almam
Excludet, suadente superstitione, figuram.
Rideat huic error pius, haud quaquam ipse refragor.
Terrorem verò nos expellamus inanem;
Fictores et christiadæ, per somnia mentis
Nolimus, verum in mendax convertere numen.

Millia grata mihi deliria fabula præstat :
Illic nata putes felicia nomina musis,
Occurrunt Agamemno, Helene, Menelaus, Orestes,
Æneas, Hector, Paris, Idomeneus, Ulysses.
Ille rudis mihi ridendusque poeta videtur,
Qui tot contemptis, Childebrantum eligit unum.
Nomine ridiculi quiddam durive sonante,
Fit rude nonunquàm totum aut jaculare poema.

Si vis lectorem nullo recreare labore,
A te, qui placeat nobis, adhibebitur heros,
Armis excellens, nulli virtute secundus.
Illum vel mentis labes heroa loquantur;
Hujus facta tuæ veniant dicenda camænæ;
Cæsar, Alexander, Lodoix animoque manuque;
Non alter Polinix vel frater perfidus olli :
Vulgaris victor, factis somnum obrepere cogit.

Noli materiæ plures accersere casus.
Iratus tantùm, rectè descriptus, Achilles
Iliadi segetem factorum sufficit æquam :

D'empêcher que Caron, dans la fatale barque,
Ainsi que le berger ne passe le monarque :
C'est d'un scrupule vain s'alarmer sottement,
Et vouloir aux lecteurs plaire sans agrément.
Bientôt ils défendront de peindre la Prudence,
De donner à Thémis ni bandeau ni balance,
De figurer aux yeux la Guerre au front d'airain,
Ou le Temps qui s'enfuit une horloge à la main;
Et partout des discours, comme une idolâtrie,
Dans leur faux zèle iront chasser l'Allégorie.
Laissons-les s'applaudir de leur pieuse erreur.
Mais pour nous, bannissons une vaine terreur;
Et, fabuleux chrétiens, n'allons point, dans nos songes,
Du Dieu de vérité faire un dieu de mensonges.

 La fable offre à l'esprit mille agrémens divers :
Là tous les noms heureux semblent nés pour les vers,
Ulysse, Agamemnon, Oreste, Idoménée,
Hélène, Ménélas, Pâris, Hector, Énée.
Oh! le plaisant projet d'un poëte ignorant,
Qui de tant de héros va choisir Childebrand !
D'un seul nom quelquefois le son dur ou bizarre,
Rend un poëme entier ou burlesque ou barbare.

 Voulez-vous long-temps plaire et jamais ne lasser?
Faites choix d'un héros propre à m'intéresser;
En valeur éclatant, en vertus magnifique;
Qu'en lui, jusqu'aux défauts, tout se montre héroïque;
Que ses faits surprenans soient dignes d'être ouïs;
Qu'il soit tel que César, Alexandre, ou Louis;
Non tel que Polynice et son perfide (32) frère :
On s'ennuie aux exploits d'un conquérant vulgaire.

 N'offrez point un sujet d'incidens trop chargé.
Le seul courroux d'Achille, avec art ménagé,
Remplit abondamment une Iliade entière :

Materiam exilem quandoque superflua reddunt.
   Spiranti et presso currat narratio versu :
Ditibus et magnis niteat descriptio verbis,
Illic, ornatus non parcè sermo triumphet :
Non circa vilem tritumque moraberis orbem.
Huic differre stude qui pingens cærula quondam,
Et monstrans mediis horum pendentibus undis,
Hebræum injusti fugientem vincla tyranni,
Per vitreos fluctus pisces inducit hiantes,
Pingit qui saltat levis itque reditque puellum,
Atque suæ matri silicem dans, emicat ardens.
Non illæ mentem debent advertere nugæ.
   Legitimum spatiis carmen confecerit æquor,
Orsum rejiciat quidquid calamistra notaret.
Noli Pegaseis primùm sublimior alis,
Exclamare tuo lectori voce tonanti :
« Canto victorem victorum totius orbis. »
Quid feret hic dignum tanto promissor hiatu !
Parturient montes nascetur ridiculus mus.
Rectiùs ille facit qui nil molitur inepte ;
Qui non præmittens præludia plena tumoris,
Simplice, currenti, numeroso carmine dicit :
« Arma virumque cano magnâ pietate celebrem,
» Ausonios fines phrygiis qui ductus ab oris,
» Primus Laviniæ devenit littora terræ ! »
Non studet incœptis perstringere magna professis,
Paucaque promittit nobis permulta daturus.
Ex fumo speciosa dehinc miracula promens,
Fatis quæ maneant Romanos, ora resolvet,
Pinget atro horribiles Acheronta, Stygemque fluento,
Et mox Elysiis errantes Cæsares arvis.
   Versus innumeris, si me audis, sparge figuris ;
Spectatum admissos delectet imagine gratâ.

Souvent trop d'abondance appauvrit la matière.
    Soyez vif et pressé dans vos narrations :
Soyez riche et pompeux dans vos descriptions.
C'est là qu'il faut des vers étaler l'élégance :
N'y présentez jamais de basse circonstance.
N'imitez pas ce fou (33) qui, décrivant les mers,
Et peignant, au milieu de leurs flots entr'ouverts,
L'Hébreu sauvé du joug de ses injustes maîtres,
Met, pour le voir passer, les poissons (34) aux fenêtres;
Peint le petit enfant qui va, saute, revient,
Et joyeux à sa mère offre un caillou qu'il tient.
Sur de trop vains objets c'est arrêter la vue.
    Donnez à votre ouvrage une juste étendue.
Que le début soit simple et n'ait rien d'affecté.
N'allez pas dès l'abord, sur Pégase monté,
Crier à vos lecteurs d'une voix de tonnerre :
Je chante le vainqueur des vainqueurs de la terre (35).
Que produira l'auteur après tous ces grands cris ?
La montagne en travail enfante une souris.
    Oh ! que j'aime bien mieux cet auteur plein d'adresse
Qui, sans faire d'abord de si haute promesse,
Me dit d'un ton aisé, doux, simple, harmonieux :
Je chante les combats et cet homme pieux
Qui, des bords phrygiens conduit dans l'Ausonie,
Le premier aborda les champs de Lavinie !
Sa muse en arrivant ne met pas tout en feu,
Et, pour donner beaucoup, ne nous promet que peu;
Bientôt vous la verrez, prodiguant les miracles,
Du destin des Latins prononcer les oracles;
De Styx et d'Achéron peindre les noirs torrens,
Et déjà les Césars dans l'Elysée errans.
    De figures sans nombre égayez votre ouvrage;
Que tout y fasse aux yeux une riante image :

Incolumi gravitate potes tentare jocosum;
Sublimem tardè qui tædia procreat, odi;
Plus Ariostus habet salis et quæ comica fingit,
Quam certi quorum solvuntur frigore scripta,
Qui nolint frontemque superciliumque severi,
Ut Charites unquàm demant sibi nubila vultûs.

   Natus lectori recreando, auctore minervâ,
Est Veneri zonam quasi suffuratus Homerus.
Illum fecundam mirorum duco fodinam :
Quidquid contrectat manus ejus vertit in aurum;
Omnibus accedit per eam nova gratia rebus;
Delectat semper mentem nunquàmque fatigat.
Felici spirant sermones illius igni :
Gnaviter incœptum positis ambagibus urget.
Quamvis composito non currant ordine versus,
Sponte suâ loquitur res, nullâ texitur arte :
Hic se cuncta parant cùm scriptor nulla paravit ;
Semper ad eventum festinant carmina, voces.
Huic ideò studeas, vero sed amore poetæ;
Is jàm profecit cui talia scripta placebunt.

   Carmen quo multùm series juncturaque pollet,
Non est hic fœtus quem procreet ipsa libido :
Magnæ molis opus poscit curasque diesque
Multas, ut nunquàm faceret tirunculus illud.
Attamen invitâ vates quandoque Minervâ,
Qui fortè incaluit præclaro sæpiùs æstu,
Inter nos vanam mentem aurâ captus inani,
Ore sonat grandi cantans horrentia Martis :
Musa vagis nullas quæ versibus audit habenas,
Incompto solùm saltu se tollit in altum;
Ignis inops sensûs et quem non lectio nutrit,
Emoritur sensim quod ei non suppetit esca.
Nequicquàm populus contemptu scripta rependens,

On peut être à la fois et pompeux et plaisant;
Et je hais un sublime ennuyeux et pesant;
J'aime mieux Arioste et ses fables comiques,
Que ces auteurs toujours froids et mélancoliques,
Qui dans leur sombre humeur se croiraient faire affront,
Si les Grâces jamais leur déridaient le front.

   On dirait que pour plaire, instruit par la nature,
Homère ait à Vénus (36) dérobé sa ceinture.
Son livre est d'agrémens un fertile trésor :
Tout ce qu'il a touché se convertit en or ;
Tout reçoit dans ses mains une nouvelle grâce ;
Partout il divertit, et jamais il ne lasse.
Une heureuse chaleur anime ses discours ;
Il ne s'égare point en de trop longs détours.
Sans garder dans ses vers un ordre méthodique,
Son sujet de soi-même et s'arrange et s'explique :
Tout, sans faire d'apprêts, s'y prépare aisément;
Chaque vers, chaque mot court à l'évènement.
Aimez donc ses écrits, mais d'un amour sincère :
C'est avoir profité que de savoir s'y plaire.

   Un poème excellent, où tout marche et se suit,
N'est pas de ces travaux qu'un caprice produit :
Il veut du temps, des soins ; et ce pénible ouvrage
Jamais d'un écolier ne fut l'apprentissage.
Mais souvent parmi nous un poète sans art,
Qu'un beau feu quelquefois échauffa par hasard,
Enflant d'un vain orgueil son esprit chimérique,
Fièrement prend en main la trompette héroïque :
Sa muse déréglée, en ses vers vagabonds,
Ne s'élève jamais que par sauts et par bonds ;
Et son feu, dépourvu de sens et de lecture,
S'éteint à chaque pas faute de nourriture.
Mais en vain le public, prompt à le mépriser,

Objicit errorem qui circum pectora ludit;
Ipse ferens plausu jejunam ad sidera mentem,
Quas huic abnueris laudes sibi vindicat illas:
Inventis huic Virgilius contenderet impar;
Illum si spectes, bona fictio fallit Homerum.
Huic si decreto subscribere denegat ævum,
Posteritate suam vult uti judice litem:
Sed donec nostris ratio jàm reddita terris
In lucem claró vocet ejus scripta triumpho,
Intactis cumulis, hæc eheu! lumine cassa
Vermibus ingratis certant et pulvere sordent.
Quare age nos talem pugnam sævire sinamus,
Et recto ad nostram nitemur tramite finem.

  Ex tragici generis faustis successibus orta
Comica res, veteres soccos induxit Athenis.
Inter mille jocos hic sannius indole Graius
Viperinum virus stillanti dente momordit.
Ludicra testificans effrenis gaudia sannis:
Ingenium, sophiam, sacrum distrinxit honorem.
Viderunt vatem, populo donante coronam,
Plausus, virtutis derisæ clade merentem;
Actæumque senem secuit fæx infima vulgi,
Quandó darent lusæ populo spectacula nubes.
Denique libertas positis cessavit habenis:
Illam frænavit vim factâ lege senatus,
Effrenique ligans edictis ora poetæ,
Impediit ne signaret cum nomine vultum.
Perdidit antiquum maledicens scena furorem:
Non linguæ telo lædens comœdia risit,
Eruduit nullo felle et suffusa veneno;
Juvit spectantes innoxia charta Menandri.
Hoc speculo propriâ depictus quisque figurâ,
  Os lætus novit, vel non agnovit in illo:

De son mérite faux le veut désabuser;
Lui-même, applaudissant à son maigre génie,
Se donne par ses mains l'encens qu'on lui dénie :
Virgile, auprès de lui, n'a point d'invention;
Homère n'entend point la noble fiction.
Si contre cet arrêt le siècle se rebelle,
A la postérité d'abord il en appelle :
Mais attendant qu'ici le bon sens de retour
Ramène triomphans ses ouvrages au jour,
Leurs tas au magasin, cachés à la lumière,
Combattent tristement les vers et la poussière.
Laissons-les donc entre eux s'escrimer en repos;
Et, sans nous égarer, suivons notre propos.

 Des succès fortunés du spectacle tragique
Dans Athènes naquit la comédie antique.
Là le Grec, né moqueur, par mille jeux plaisans
Distilla le venin de ses traits médisans.
Aux accès insolens d'une bouffonne joie,
La sagesse, l'esprit, l'honneur, furent en proie;
On vit par le public un poète avoué
S'enrichir aux dépens du mérite joué;
Et Socrate par lui, dans un chœur de nuées (37),
D'un vil amas de peuple attirer les huées.
Enfin de la licence on arrêta le cours :
Le magistrat des lois emprunta le secours,
Et, rendant par édit les poètes plus sages,
Défendit de marquer les noms et les visages.
Le théâtre perdit son antique fureur :
La comédie apprit à rire sans aigreur,
Sans fiel et sans venin sut instruire et reprendre,
Et plut innocemment dans les vers de Ménandre.
Chacun, peint avec art dans ce nouveau miroir,
S'y vit avec plaisir, ou crut ne s'y point voir :

Nonnumquàm primum risus expressit avaro,
Ejus ad exemplum germanè pictus avarus:
Et fatuum fido pictum proprioque colore,
Quæ referebat eum, persæpè fefellit imago.

Ergò naturæ tantùm studeatis alumni,
Qui palmas lætæ certatis ferre Thaliæ.
Qui videt omninò similes acieque profundâ,
Intima secreto prospexit corda recessu;
Qui prorsùs novit quid sit profusus, avarus,
Ridiculus, cupidus, vecors, insulsus, honestus,
Hos in felicem poterit producere scenam,
Hisque coram nobis dare vitam, facta, loquelam.
Illorum ad vivum semper reddatur imago;
Spiranti pingas habitum vultumque colore.
Natura excudens ridendis ora figuris,
Cuique notas animæ propriumque caracter inussit.
Hanc prodit gestus, nobis hanc exerit hilum,
Non tamen hanc acie quivis deprendere possit.

Convertit nostros mores ut cætera, tempus:
Hinc variant annis animus, studia atque voluptas.

Imberbis juvenis fervente libidine semper,
Cereus in vitium flecti corrumpitur ultrò;
Est linguâ sublimis, amata relinquere pernix,
Indocilem monitis trahit hunc vesana voluptas.

Maturis studiis ætas animusque virilis,
Adrepens ad magnates, inservit honori,
Se contra duræ præmunit vulnera sortis,
Tempore præsenti prospectat mente futurum.

Quærula querit opes nunquàm satiata senectus,
Non sibi congesto sudoribus incubat auro;
Res effeta omnes timidè gelidèque ministrat;
Præsenti parcens, laudatrix temporis acti:
Mortua deliciis quibus affluit ipsa juventus,

L'avare, des premiers, rit du tableau fidèle
D'un avare souvent tracé sur son modèle ;
Et mille fois un fat finement exprimé
Méconnut le portrait sur lui-même formé.

Que la nature donc soit votre étude unique,
Auteurs qui prétendez aux honneurs du comique.
Quiconque voit bien l'homme, et, d'un esprit profond,
De tant de cœurs cachés a pénétré le fond ;
Qui sait bien ce que c'est qu'un prodigue, un avare,
Un honnête homme, un fat, un jaloux, un bizarre,
Sur une scène heureuse il peut les étaler,
Et les faire à nos yeux vivre, agir et parler.
Présentez-en partout les images naïves ;
Que chacun y soit peint des couleurs les plus vives.
La nature, féconde en bizarres portraits,
Dans chaque âme est marquée à de différens traits ;
Un geste la découvre, un rien la fait paraître :
Mais tout esprit n'a pas des yeux pour la connaître.

Le temps, qui change tout, change aussi nos humeurs :
Chaque âge a ses plaisirs, son esprit et ses mœurs.

Un jeune homme, toujours bouillant dans ses caprices,
Est prompt à recevoir l'impression des vices ;
Est vain dans ses discours, volage en ses désirs,
Rétif à la censure, et fou dans les plaisirs.

L'âge viril, plus mûr, inspire un air plus sage,
Se pousse auprès des grands, s'intrigue, se ménage,
Contre les coups du sort songe à se maintenir,
Et loin dans le présent regarde l'avenir.

La vieillesse chagrine incessamment amasse ;
Garde, non pas pour soi, les trésors qu'elle entasse ;
Marche en tous ses desseins d'un pas lent et glacé ;
Toujours plaint le présent et vante le passé ;
Inhabile aux plaisirs dont la jeunesse abuse.

Huic vitio vertit quod canis denegat ætas.
Quod decet actores dicant, *ne forté seniles,*
Mandentur juveni partes pueroque viriles.

Spectatos habeas mores, precor, urbis et aulæ :
Fertilis exemplis tibi plurima prœbe: utraque.
Indè decus scriptis noster Molierius addens,
Primas arte suâ præcellens forté tulisset,
Ni tantùm ludens circum præcordia plebis,
Doctus contortis risisset sæpè figuris;
Et nisi pro lepido rudis illiberale secutus,
Tabarini nugis junxisset honesta Terenti :
Quandò ridiculè sacco se Scapinus abdit,
Qui gaudet fecisse *Misanthropum*, haud sibi constat.

Comica res tragicos valdè indignata dolores,
Non vult exponi digno sermone cothurnis;
Non immunda tamen dimissaque verba crepabit,
Ut circumfusam valeat recreare coronam;
Ingenuo lusu debet nugarier actor;
Rectè formatus solvi sine vindice nodus;
Prævia quò ratio vocat, illùc actio tendens,
Interrupta brevi nunquàm pendere lacunâ;
Simplex, dulcis, ubi decet os inflare camœna;
Consperso passim scriptor sale carmina tingens,
Motus emunctâ depingere nare notatos;
Perpetuo scenæ connecti scena tenore.
Nunquàm prescripto naturæ fine recedas.
Quas sensus communis abhorret, respue sannas
Contemplare quibus verbis pater ore Terenti,
Arguat incautum quo filius ardet, amorem;
Qui culpatus amans monitis accommodet aures,
Et cantata sibi ventis dans, currat ad ignem.
Non est effigies, non est duntaxat imago,
Hic natum patrem, verumque ostendit amantem.

Blâme en eux les douceurs que l'âge lui refuse.
Ne faites point parler vos acteurs au hasard;
Un vieillard en jeune homme, un jeune homme en vieillard.
　Étudiez la cour, et connaissez la ville :
L'une et l'autre est toujours en modèles fertile.
C'est par-là que Molière, illustrant ses écrits,
Peut-être de son art eût remporté le prix,
Si, moins ami du peuple, en ses doctes peintures
Il n'eût point fait souvent grimacer ses figures,
Quitté, pour le bouffon, l'agréable et le fin,
Et sans honte à Térence allié Tabarin :
Dans ce sac ridicule où Scapin s'enveloppe
Je ne reconnais plus l'auteur du Misanthrope (38).
　Le comique, ennemi des soupirs et des pleurs,
N'admet point en ses vers de tragiques douleurs;
Mais son emploi n'est pas d'aller, dans une place,
De mots sales et bas charmer la populace :
Il faut que ses acteurs badinent noblement;
Que son nœud bien formé se dénoue aisément;
Que l'action, marchant où la raison la guide,
Ne se perde jamais dans une scène vide;
Que son style humble et doux se relève à propos;
Que ses discours, partout fertiles en bons mots,
Soient pleins de passions finement maniées,
Et les scènes toujours l'une à l'autre liées.
Aux dépens du bon sens gardez de plaisanter :
Jamais de la nature il ne faut s'écarter.
Contemplez de quel air un père dans Térence (39)
Vient d'un fils amoureux gourmander l'imprudence;
De quel air cet amant écoute ses leçons,
Et court chez sa maîtresse oublier ses chansons.
Ce n'est pas un portrait, une image semblable,
C'est un amant, un fils, un père véritable.

Me juvat urbanum vatem spectare theatro,
Qui nobis ridens illæso semper honore,
Perpetuò salvâ admissos ratione moratur ;
At malus ambiguis indulgens sannio verbis,
Qui nos illicio tantùm squaloris inescat,
Hinc abeat fulcris, huic si libet, arduus altis,
Pontanis præbens nullo spectacula gustu,
Collectis fatuos centones spargere servis.

FINIS LIBRI TERTII.

J'aime

J'aime sur le théâtre un agréable auteur
Qui, sans se diffamer aux yeux du spectateur,
Plaît par la raison seule, et jamais ne la choque;
Mais pour un faux plaisant à grossière équivoque,
Qui pour me divertir n'a que la saleté,
Qu'il s'en aille, s'il veut, sur des tréteaux monté,
Amusant le Pont-Neuf de ses sornettes fades,
Aux laquais assemblés jouer ses mascarades.

Fin du Chant troisième.

LIBER QUARTUS.

Si famæ credas, medicum Florentia vidit
Quondam, ventosum linguâ lethique datorem.
Illum cuncta diù sensit respublica pestem;
Hic ab eo repetit genitorem filius orbus,
Hic frater fratrem quem virus misit in orcum.
Unus obit fartus senâ, alter sanguine tracto :
Hujus ad aspectum pleuritide rheuma fugatur,
Et per eum capitis dolor est mox dira phrenesis.
Omnibus invisus postremùm deserit urbem.
Omnibus extinctis, unus servatus amicis,
Ducit eum mirâ constructos arte Penates,
Deperiens pulchras ædes ditissimus abbas.
Hic medicus natus structoris in arte videtur,
Jàm de structurâ Mansardo disserit idem;
Improbat effusi faciem quæ conditur œci,
Vestibulum nigrans aliâ vult sede locatum;
Ad partes alias mallet quoque vergere scalas.
Eripit has voces, structoremque accit amicus.
Structor adest, audit, probat, et structura novatur.
Denique ne miris longus te demorer istis,
Noster crudelem linquit sicarius artem,
Et dextram, mirum! deinceps armatus amussi,
Abjectâ quam suspectam reor arte Galeni,
Floruit ex medico structor famosus inepto.

Illius exemplo moniti sapiamus oportet.
Si ferat ingenium, tectis incumbe struendis,
Quæ nobis prosit, potiùs verseris in arte,

CHANT QUATRIÈME.

Dans Florence jadis vivait un médecin,
Savant hableur, dit-on, et célèbre assassin.
Lui seul y fit long-temps la publique misère :
Là le fils orphelin lui redemande un père ;
Ici le frère pleure un frère empoisonné :
L'un meurt vide de sang, l'autre plein de séné :
Le rhume à son aspect se change en pleurésie,
Et par lui la migraine est bientôt frénésie.
Il quitte enfin la ville, en tous lieux détesté.
De tous ses amis morts un seul ami resté
Le mène en sa maison de superbe structure.
C'était un riche abbé, fou de l'architecture.
Le médecin d'abord semble né dans cet art,
Déjà de bâtimens parle comme Mansard :
D'un salon qu'on élève il condamne la face ;
Au vestibule obscur il marque une autre place ;
Approuve l'escalier tourné d'autre façon.
Son ami le conçoit, et mande son maçon.
Le maçon vient, écoute, approuve, et se corrige.
Enfin, pour abréger un si plaisant prodige,
Notre assassin renonce à son art inhumain ;
Et désormais, la règle et l'équerre à la main,
Laissant de Galien la science suspecte,
De méchant médecin devient bon architecte.

Son exemple est pour nous un précepte excellent.
Soyez plutôt maçon, si c'est votre talent,
Ouvrier estimé dans un art nécessaire,

Quàm sis communis scriptor, vilisque poeta,
Quippe gradus aliâ varii numerantur in arte.
Non est indecorum vel sede sedere secundâ.
Qui verò tractat damnosam carminis artem;
Si paulùm à summo discedat, vergit ad imum.
Qui gelat auctor idem nobis facit execrando.
Pinchenus et Boius nullo discremine habentur.
Non equidem teritur magè Rampalus atque Menardus,
Quàm Mago, Suetus, Corbinus, Morlirus ipsi.
Exhilarat saltem fatuus cogitque cachinnum;
At placidus tantùm generat fastidia scriptor.
Plùs mihi Berjeracus placet in jocularibus audax,
Quàm gelidi glacians lectorem musa Motini.

   Ne blandas pleno bibe laudes ebrius ore,
Queis te colluvies mirantûm tollere certat
Secreto mirum clamare parata recessu.
Interdùm carmen recitatum sustinet aurem,
Quod cùm perspicuas prodit sub luminis auras,
Judicis argutum valdè formidat acumen.
Non unus miserâ memoratur sorte poeta,
Quique benè audivit, latitat Gombaldus in umbrâ.

   Creber consultor patefeceris omnibus aurem.
Sæpiùs insano sapientia prodit ab ore.
Qualescumque tamen versus tibi dictet Apollo,
Non hos rimarum plenus, ructabis ubiquè.
Insano studeas illi differre poetæ
Qui miseranda legens quàm dulci gutture possit,
Respondet dictæ, recitando metra, saluti,
Carminibusque viis homines sectatur acerbus.
Non est cœlicolis adeò venerabile templum
Cujus non claustrum perumpat musa furentis.

   Censuræ, patiens iterùmque iterùmque monemus,
Cùm ratio loquitur, confestim corrige, sodes:

Qu'écrivain du commun, et poète vulgaire.
Il est dans tout autre art des degrés différens,
On peut avec honneur remplir les seconds rangs;
Mais, dans l'art dangereux de rimer et d'écrire,
Il n'est point de degrés du médiocre au pire :
— Qui dit *froid écrivain* dit *détestable auteur*.
Boyer (40) est à Pinchêne égal pour le lecteur;
On ne lit guère plus Rampale et Ménardière,
Que Magnon (41), du Souhait (42), Corbin (43) et la Morlière (44);
Un fou du moins fait rire, et peut nous égayer :
Mais un froid écrivain ne sait rien qu'ennuyer.
J'aime mieux Bergerac (45) et sa burlesque audace
Que ces vers où Motin se morfond et nous glace.

   Ne vous enivrez point des éloges flatteurs
Qu'un amas quelquefois de vains admirateurs
Vous donne en ces réduits, prompts à crier : *Merveille!*
Tel écrit récité se soutient à l'oreille,
Qui, dans l'impression au grand jour se montrant,
Ne soutient pas des yeux le regard pénétrant (46).
On sait de cent auteurs l'aventure tragique :
Et Gombaud tant loué garde encor la boutique.

   Écoutez tout le monde, assidu consultant :
Un fat quelquefois ouvre un avis important.
Quelques vers toutefois qu'Apollon vous inspire,
En tous lieux aussitôt ne courez pas les lire.
Gardez-vous d'imiter ce rimeur furieux (47),
Qui, de ses vains écrits lecteur harmonieux,
Aborde en récitant quiconque le salue,
Et poursuit de ses vers les passans dans la rue.
Il n'est temple si saint des anges respecté (48),
Qui soit contre sa muse un lieu de sûreté.

   Je vous l'ai déjà dit, aimez qu'on vous censure,
Et, souple à la raison, corrigez sans murmure.

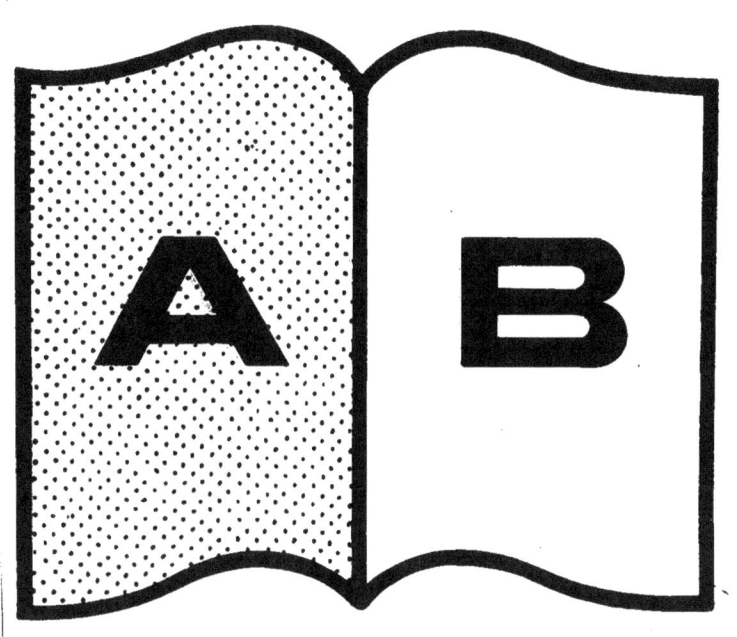

Contraste insuffisant

NF Z 43-120-14

Sed nemo fatuis faciles accommodet aures.
Sæpius ignarus proprio subtilis amore,
Carmina fastidit tangens malè dente superbo,
Et quod commendat præstans audacia, carpit.
Illius incassum vana argumenta refutes;
Mens ejus plaudit sibi, judiciisque superbit;
Et languens ratio cœcis damnata tenebris,
Cùm talpam verè dicas, se cogitat argum,
Funestus monitor; morem si gesseris olli,
Te scopulos vitare putans, periturus abibis.

 Quæras emunctâ censorem nare notandum,
Quem ducat ratio, cui tuta scientia præsit,
Et qui confestim versum deprendat acutus,
Quem tibi dissimulas necnon et noscis inertem.
Detrahet errorem quo mens tua fluctuat anceps,
Et stultâ captam solvet formidine mentem.
Hic tibi monstrabit qui mentis fervidus auctor,
In cursu motum felicem sæpè secutus,
Præscriptas leges spernat compressus in arctum,
Et duce deflectat positis ex finibus arte;
Sed non in promptu sit quem definio judex:
Judicat insanè clarus quandoquè poeta.
Est qui carminibus pulchris innotuit urbe,
Qui cum Virgilio Lucanum comparat hebes.

 Quæ dicam, auctores, animis advertite vestris.
Si vult ferre meum ditissima fictio punctum,
Musa serens toto passim sublimia scripto,
Cùm grave festivo, tùm misceat utile dulci.
Non ducit sanum lectorem vana voluptas;
Ille cupit delectari pariterque moneri.

 In scripto spires adeò moratus ut una-
Quæque nihil passim sapiat nisi nobile charta.
Non æquâ accipio funestum mente poetam,

Mais ne vous rendez pas dès qu'un sot vous reprend.
  Souvent dans son orgueil un subtil ignorant
Par d'injustes dégoûts combat tout une pièce,
Blâme des plus beaux vers la noble hardiesse.
On a beau réfuter ses vains raisonnemens,
Son esprit se complaît dans ses faux jugemens ;
Et sa faible raison, de clarté dépourvue,
Pense que rien n'échappe à sa débile vue.
Ses conseils sont à craindre; et, si vous le croyez,
Pensant fuir un écueil, souvent vous vous noyez.
  Faites choix d'un censeur solide et salutaire
Que la raison conduise et le savoir éclaire,
Et dont le crayon sûr d'abord aille chercher
L'endroit que l'on sent faible, et qu'on se veut cacher.
Lui seul éclaircira vos doutes ridicules,
De votre esprit tremblant lèvera les scrupules.
C'est lui qui vous dira, par quel transport heureux,
Quelquefois dans sa course un esprit vigoureux,
Trop resserré par l'art, sort des règles prescrites,
Et de l'art même apprend à franchir leurs limites.
Mais ce parfait censeur se trouve rarement.
Tel excelle à rimer qui juge sottement :
Tel s'est fait par ses vers distinguer dans la ville,
Qui jamais de Lucain n'a distingué Virgile.
  Auteurs, prêtez l'oreille à mes instructions.
Voulez-vous faire aimer vos riches fictions ?
Qu'en savantes leçons votre muse fertile
Partout joigne au plaisant le solide et l'utile.
Un lecteur sage fuit un vain amusement,
Et veut mettre à profit son divertissement.
  Que votre âme et vos mœurs, peintes dans vos ouvrages,
N'offrent jamais de vous que de nobles images.
Je ne puis estimer ces dangereux auteurs

Infames versus scribens qui fronte fricatâ,
Infando causam virtutis codice prodit,
Et vitium grato lectoribus exhibet ore.

Non tamen ut quidam quibus est frons aspera rugis,
Versibus è castis excludo semper amorem,
Nec volo conspicuo cultu privare theatrum,
Insimulans Chimenum Rodrigumque tumere veneno.
Si vel turpis amor verbis pingatur honestis,
Non fœdum nostris in cordibus excitat ignem.
Cùm Dido lacrymis veneres expandit obortis,
Hujus condemno noxam, doleoque dolore.

Omni sorde carens numeris insontibus auctor,
Quamvis titillet sensus, non corda lacessit;
Subjecto turpis non ardet fomite flammâ.
Ergò tuam, virtutis amans, hâc instrue mentem.
Ingenium frustrà præstanti robore gaudet,
Membranis semper se cor ignobile prodit.

Invidiæ telis præsertim impervius esto,
Quæ solet esse malo scriptori dira phrenesis.
Non petit hic vermis præclaræ viscera mentis;
Dens ejus tanquàm prædæ mediocribus hæret.
Virtutis quæcumque nitet multùm, æmula tristis,
Infestos illi magnates reddere tentat,
Et vanum in digitos adstans arrecta superbos,
Ut par incedat rivali, deprimit illam.
Hæc nos ignavi ne divertamur ad arma,
Artibus illicitis nulli quæramus honorem.

Noli perpetuis operam navare camœnis;
Incumbas etiam fideique tuisque colendis.
Non satis est quemquam jucundum versibus esse;
Uti vicinis et vivere calleat idem.

Inclytus ad summum scriptor grassetur honorem,
Infamis nunquàm lucri calcaribus actus.

Qui de l'honneur, en vers, infâmes déserteurs,
Trahissant la vertu sur un papier coupable,
Aux yeux de leurs lecteurs rendent le vice aimable.
 Je ne suis pas pourtant de ces tristes esprits
Qui, bannissant l'amour de tous chastes écrits,
D'un si riche ornement veulent priver la scène;
Traitent d'empoisonneurs et Rodrigue et Chimène.
L'amour le moins honnête, exprimé chastement,
N'excite point en nous de honteux mouvement.
Didon a beau gémir et m'étaler ses charmes,
Je condamne sa faute en partageant ses larmes.
 Un auteur vertueux dans ses vers innocens,
Ne corrompt point le cœur en chatouillant les sens :
Son feu n'allume point de criminelle flamme.
Aimez donc la vertu, nourrissez-en votre âme :
En vain l'esprit est plein d'une noble vigueur;
Le vers se sent toujours des bassesses du cœur.
 Fuyez surtout, fuyez ces basses jalousies,
Des vulgaires esprits malignes frénésies.
Un sublime écrivain n'en peut être infecté;
C'est un vice qui suit la médiocrité.
Du mérite éclatant cette sombre rivale
Contre lui chez les grands incessamment cabale;
Et, sur les pieds en vain tâchant de se hausser,
Pour s'égaler à lui cherche à le rabaisser.
Ne descendons jamais dans ces lâches intrigues :
N'allons point à l'honneur par de honteuses brigues.
 Que les vers ne soient pas votre éternel emploi.
Cultivez vos amis, soyez homme de foi.
C'est peu d'être agréable et charmant dans un livre,
Il faut savoir encore et converser et vivre.
 Travaillez pour la gloire, et qu'un sordide gain
Ne soit jamais l'objet d'un illustre écrivain.

Non pudor aut crimen prohibet quin nobilis auctor
Legitimo apponat sua lucubrata tributo;
Non tamen illustrem queo non damnare poetam
Qui plenæ laudis pertæsus et æris avarus,
Conducit propriam, pactâ mercede, minervam,
Venalemque facit quam divam ducimus artem.

Anteà quàm ratio verbis sua sensa notaret,
Anteà quàm poliens humanos jura dedisset,
Nutu naturæ mortales simplicis ibant,
Palantesque nigris quærebant pabula sylvis.
Temporis hoc robur pro legibus esse solebat,
Viribus editior multos cœdebat inultus.
Postremùm verò sermonis musica solers,
A fœdo victu deterrens aspera corda,
Sylvestres homines in sedem compulit unam,
Firmavit vallis et cinxit mœnibus urbes,
Terruit audacem visu pendentis habenæ,
Et texit justos inopesque sub ægide legum.

Versibus à primis hic ordo putatur haberi.
Illinc qui toto rumor percrebuit orbe:
Threicios montes dùm cantu personat Orpheus,
Lenitos tigres posuisse ferocia corda;
Dictus et Amphion Thebanæ conditor arcis,
Saxa movere sono testudinis et prece blandâ.
Hæc referunt primis homines accepta camœnis.
Post voluit cœlum dici per carmina sortes;
Corda sui divo quatiens horrore ministri,
Adstrictum numeris erupit Apollo furorem.
Post hæc heroas veteres à morte revocans,
Audaces animos ad pugnam accendit Homerus.
Hesiodus cupiens mundo prodesse vicissim,
Pigrorum nimiò segetes properavit agrorum.
Exposita in centum claris sapientia scriptis,

Je sais qu'un noble esprit peut, sans honte et sans crime,
Tirer de son travail un tribut légitime :
Mais je ne puis souffrir ces auteurs renommés
Qui, dégoûtés de gloire, et d'argent affamés,
Mettent leur Apollon aux gages d'un libraire,
Et font d'un art divin un métier mercenaire.
   Avant que la raison, s'expliquant par la voix,
Eût instruit les humains, eût enseigné des lois,
Tous les hommes suivaient la grossière nature,
Dispersés dans les bois couraient à la pâture ;
La force tenait lieu de droit et d'équité ;
Le meurtre s'exerçait avec impunité.
Mais du discours enfin l'harmonieuse adresse
De ces sauvages mœurs adoucit la rudesse,
Rassembla les humains dans les forêts épars,
Enferma les cités de murs et de remparts,
De l'aspect du supplice effraya l'insolence,
Et sous l'appui des lois mit la faible innocence :
   Cet ordre fut, dit-on, le fruit des premiers vers.
De là sont nés ces bruits reçus dans l'univers,
Qu'aux accens dont Orphée emplit les monts de Thrace
Les tigres amollis dépouillaient leur audace ;
Qu'aux accords d'Amphion les pierres se mouvaient,
Et sur les murs thébains en ordre s'élevaient.
L'harmonie en naissant produisit ces miracles.
Depuis, le ciel en vers fit parler les oracles ;
Du sein d'un prêtre, ému d'une divine horreur,
Apollon par des vers exhala sa fureur.
Bientôt, ressuscitant les héros des vieux âges,
Homère aux grands exploits anima les courages.
Hésiode à son tour, par d'utiles leçons,
Des champs trop paresseux vint hâter les moissons.
En mille écrits fameux la sagesse tracée

Pieriâ docuit mortales arte magistra,
Et quæ tradebat nobis, obtrusa potenter,
Hæserunt cordi primùm dimissa per aurem.
Hinc meritò nactæ nomen pretiumque camænæ,
Justo ut doris eas adoleret munere thuris;
Cultus ab humanis illarum præstitus arti,
Extructis ejus laudes passim extulit aris.
Sed fame postremùm suadente indigna poetis,
Parnasso prisci tùm cura recessit honoris;
Turpis depravans animos ærugo peculi,
Infami scriptis sparsit mendacia fœtu;
Sexcentisque locis vanos enixa libellos,
Addixit pretio voces et vendidit illas.

 Conjuro, caveas te labes imbuat ista.
Æs solum si te gratâ dulcedine ducit,
Quæ Permessus amœna rigat, ne tange vireta.
Non herclè Plutus considit in illius oris;
His qui se præstant gladio vel mente celebres,
Proposuit tantùm lauros et nomen Apollo.

 Quid quod! non fumo vesci queat æris egenus,
Anxia paupertas cùm, deficiente crumenâ,
Audit plangentem jejunum vespere ventrem,
Pierio minimè gaudet cantare sub antro.
Cùm thyrsum tangit, cùm clamat Horatius : hoc,
Est satur et curæ quâ Colletus angitur expers,
Non debet fausto vitam tolerare labore.

 Concedo; verùm tandem quam dicis egestas,
Rara solet bellum nostris indicere musis.
Et quid nunc habeant claræ quod terreat, artes,
Lampade cum faustâ nos lustret sidus amicum;
Cum mens prudentis solers et provida regis,
Obstat ne Pindo dos paupertate laboret.

Fut, à l'aide des vers, aux mortels annoncée;
Et partout des esprits ses préceptes vainqueurs,
Introduits par l'oreille, entrèrent dans les cœurs.
Pour tant d'heureux bienfaits les muses révérées
Furent d'un juste encens dans la Grèce honorées;
Et leur art, attirant le culte des mortels,
A sa gloire en cent lieux vit dresser des autels.
Mais enfin, l'indigence amenant la bassesse,
Le Parnasse oublia sa première noblesse.
Un vil amour du gain, infectant les esprits,
De mensonges grossiers souilla tous les écrits;
Et partout, enfantant mille ouvrages frivoles,
Trafiqua du discours et vendit les paroles.

 Ne vous flétrissez point par un vice si bas.
Si l'or seul a pour vous d'invincibles appas,
Fuyez ces lieux charmans qu'arrose le Permesse:
Ce n'est point sur ses bords qu'habite la richesse.
Aux plus savans auteurs, comme aux plus grands guerriers,
Apollon ne promet qu'un nom et des lauriers.

 Mais quoi! dans la disette une muse affamée,
Ne peut pas, dira-t-on, subsister de fumée.
Un auteur qui, pressé d'un besoin importun,
Le soir entend crier ses entrailles à jeûn,
Goûte peu d'Hélicon les douces promenades:
Horace a bu son soûl, quand il voit les Ménades;
Et, libre du souci qui trouble Colletet,
N'attend pas pour dîner le succès d'un sonnet.

 Il est vrai : mais enfin cette affreuse disgrâce
Rarement parmi nous afflige le Parnasse.
Et que craindre en ce siècle, où toujours les beaux arts
D'un astre favorable éprouvent les regards;
Où d'un prince éclairé la sage prévoyance
Fait partout au mérite ignorer l'indigence?

Pierides ejus laudem dictetis alumnis:
His ejus nomen plùs quàm præcepta valebunt.
Illum Cornelius redivivo prædicet ausu,
Cornelio Cidi non dissimilis, nec Horati.
Racinius gignens alio miracula partu,
Ejus ad exemplum cunctos heroas adornet;
Grande docens hujus nomen cantare puellas,
Benseradus vicos passim delineat omnes.
Ecloga Segrerii sylvas incantet eodem,
Illius in laudes acuant epigrammata telum.
Sed cedo, quis nobis felix Æneidos auctor,
Alcidem ad trepidi deducat littora Rheni?
Quis doctis modulans ejus miracula nervis,
Auritas quercus et saxa sequentia ducet;
Quis canet attonitum nimbo impendente Batavum
Qui se naufragiis subducens, currit in æquor;
Dicet quæ jaceant sub Mastrico urbe phalanges,
Quam belli summâ quassit Mars mole diurnus?

  Dùm loquor, ecce novi cumulatus laude triumphi,
Ad superos rapidus victor nos advocat Alpes;
Servili collo fert Dola jugum, atque Salinæ,
Fumat adhùc saxo Vesontio fulminis ictu.
Nunc ubi sunt fortes quorum socia agmina tandem
Vim nostram oppositis debebant sistere muris?
Hancne fugâ credunt etiam se posse morari,
Turpi quòd fulmen vitârunt laude feroces?
Quot superatæ urbes! quot io munimina strata!
Quot palmas noster currens demessuit heros!

  Has nixi totis, auctores, dicite nervis:
Non res exponi quovis molimine possit.

  Ille ego quem satiræ genus hanc nutrivit ad horam,
Etsi non fido tractare lyramque tubamque,
Attamen hoc claro spectator in æquore cernar,

Muses, dictez sa gloire à tous vos nourrissons :
Son nom vaut mieux pour eux, que toutes vos leçons.
Que Corneille, pour lui rallumant son audace,
Soit encor le Corneille et du Cid et d'Horace :
Que Racine, enfantant des miracles nouveaux,
De ses héros sur lui forme tous les tableaux :
Que de son nom, chanté par la bouche des belles,
Benserade en tous lieux amuse les ruelles ;
Que Ségrais dans l'églogue en charme les forêts ;
Que pour lui l'épigramme aiguise tous ses traits.
Mais quel heureux auteur, dans une autre Enéide,
Aux bords du Rhin tremblant conduira cet Alcide ?
Quelle savante lyre au bruit de ses exploits
Fera marcher encor les rochers et les bois ;
Chantera le Batave, éperdu dans l'orage,
Soi-même se noyant pour sortir du naufrage ;
Dira les bataillons sous Mastricht enterrés,
Dans ces affreux assauts du soleil éclairés ?

Mais tandis que je parle, une gloire nouvelle
Vers ce vainqueur rapide aux Alpes vous appelle.
Déjà Dole et Salins (49) sous le joug ont ployé ;
Besançon fume encor sur son roc foudroyé.
Où sont ces grands guerriers dont les fatales ligues
Devaient à ce torrent opposer tant de digues ?
Est-ce encore en fuyant qu'ils pensent l'arrêter,
Fiers du honteux honneur d'avoir su l'éviter ?
Que de remparts détruits ! que de villes forcées !
Que de moissons de gloire en courant amassées !

Auteurs, pour les chanter redoublez vos transports :
Le sujet ne veut pas de vulgaires efforts.

Pour moi qui, jusqu'ici nourri dans la satire,
N'ose encor manier la trompette et la lyre,
Vous me verrez pourtant, dans ce champ glorieux,

Accendam Martem, vos nutu et voce ciebo;
Depromam vobis quæ sacro monte tenella
Musa libro nostri pallens expressit Horati;
Ardorem accendam, mentes calcaribus addam,
Et monstrabo procùl victricis præmia frontis.
Pace tamen vestrâ, stimulatus mente probandâ,
Et vestros lustrans attento lumine gressus,
A vero falsum secernam sœpè metallum,
Et soleam rudium culpas reprehendere vatum;
Subtristis censor, quodam tamen utilis usu;
Cui non dextra valet quantùm ardet carpere lingua.

FINIS.

Vous animer du moins de la voix et des yeux;
Vous offrir ces leçons que ma muse au Parnasse
Rapporta, jeune encor, du commerce d'Horace;
Seconder votre ardeur, échauffer vos esprits,
Et vous montrer de loin la couronne et le prix.
Mais aussi pardonnez si, plein de ce beau zéle,
De tous vos pas fameux observateur fidèle,
Quelquefois du bon or je sépare le faux,
Et des auteurs grossiers j'attaque les défauts :
Censeur un peu fâcheux, mais souvent nécessaire,
Plus enclin à blâmer, que savant à bien faire.

FIN.

NOTES.

(1) Saint-Amand, auteur du *Moïse sauvé*.

(2) Faret, auteur du livre intitulé l'*Honnête homme*, et ami de Saint-Amand. (3) Vers de Scuderi.

(4) Le style burlesque fut extrêmement en vogue depuis le commencement du dernier siècle jusques vers 1660 qu'il tomba.

(5) Pitoyable auteur qui a composé l'*Ovide en belle humeur*.

(6) Les vendeurs d'orviétan et les joueurs de marionnettes se mettent depuis long-temps sur le Pont-Neuf.

(7) La plupart de nos plus anciens romans français sont en vers confus et sans ordre, comme le roman de *La Rose* et plusieurs autres.

(8) Scuderi disait toujours, pour s'excuser de travailler si vite, *qu'il avait ordre de finir*.

(9) Virgile, églogue IV, v. 3.

(10) Pise en Élide, où l'on célébrait les jeux olympiques.

(11) Horace, ode 12, livre II.

(12) Libraire du palais. (13) La *Sylvie* de Mairet.

(14) le P. André, augustin. (15) Satire 10.

(16) Satire 4. (17) Satire 6. (18) Fameux graveur.

(19) Sophocle.

(20) Il y a de pareils exemples dans Euripide.

(21) Les bourgs de l'Attique.

(22) Voyez Quintilien, livre X, chap. 1.

(23) Leurs pièces furent imprimées.

(24) Ce ne fut que sous Louis XIII que la tragédie commença à prendre une bonne forme en France.

(25) Ce masque antique s'appliquait sur le visage de l'acteur, et représentait le personnage que l'on introduisait sur la scène.

(26) *Esther* et *Athalie* ont montré combien on a perdu en supprimant les chœurs et la musique.

(27) Héros de la *Cléopâtre*.

(28) Senèque le tragique, *Troade*, sc. I.

(29) L'auteur avait en vue Saint-Sorlin des Marets, qui a écrit contre la fable.

(30) Voyez le Tasse. (31) Voyez l'Arioste.

(32) Polynice et Étéocle, frères ennemis, auteurs de la guerre de Thèbes. Voyez la *Thébaïde* de Stace.

(33) Saint-Amand. (34) Les poissons ébahis les regardent passer. *Moïse sauvé.*

(35) *Alaric*, poème de Scuderi, liv. I.

(36) Iliade, liv. XIV.

(37) Les *Nuées*, comédie d'Aristophane.

(38) Comédie de Molière.

(39) Voyez Simon dans l'*Andrienne*, et Démée dans les *Adelphes*. (40) Auteur médiocre.

(41) Magnon a composé un poème fort long, intitulé l'*Encyclopédie*.

(42) Du Souhait avait traduit l'Iliade en prose.

(43) Corbin avait traduit la Bible mot à mot.

(44) La Morlière, méchant poète.

(45) Cyrano de Bergerac, auteur du Voyage de la Lune.

(46) Chapelain. (47) Du Perrier.

(48) Il récita des vers à l'auteur, malgré lui, dans une église.

(49) Places de la Franche-Comté, prises en plein hiver.

FIN DES NOTES.

TETRASTICHON.

Mors quâ per totum nihil est crudelius orbem,
Difficili nostras respicit aure preces.
Pauperis in viles irrepit sæva tabernas,
Atque per excubias regia tecta subit.

La mort a des rigueurs à nulle autre pareilles;
   On a beau la prier,
La cruelle qu'elle est se bouche les oreilles,
   Et nous laisse crier.
Le pauvre en sa cabane où le chaume le couvre,
   Est sujet à ses lois;
Et la garde qui veille aux barrières du Louvre,
   N'en défend pas nos rois.

Excedit placidâ, qui nascitur æquoris actâ,
Ut plenum scopulis ingrediatur iter.
Qui vivit, cymbam per multa pericula ducit :
Mortuus in tutâ jàm statione latet.

Naître, c'est de la mer abandonner le bord,
Pour voguer sous un ciel où va gronder l'orage;
Vivre, c'est affronter sans cesse le naufrage;
   Mourir, c'est arriver au port.